丛书主编：戴 琼

北京注协中小会计师事务所发展促进委员会系列丛书

国有企业主要领导人员经济责任审计操作实务

GUOYOUQIYE
ZHUYAO LINGDAO RENYUAN
JINGJI ZEREN SHENJI
CAOZUO SHIWU

白艳娟 王凤波 ○ 主编

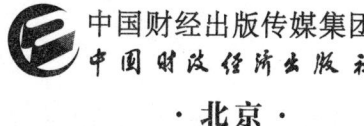

中国财经出版传媒集团
中国财政经济出版社
· 北京 ·

图书在版编目（CIP）数据

国有企业主要领导人员经济责任审计操作实务 / 白艳娟, 王凤波主编. -- 北京 : 中国财政经济出版社, 2025. 7. --（北京注协中小会计师事务所发展促进委员会系列丛书）. -- ISBN 978-7-5223-3738-8

Ⅰ. F239.47

中国国家版本馆CIP数据核字第20256V0V83号

责任编辑：温彦君　　　　　责任校对：张　凡
封面设计：智点创意　　　　责任印制：史大鹏

国有企业主要领导人员经济责任审计操作实务
GUOYOUQIYE ZHUYAO LINGDAO RENYUAN JINGJI ZEREN SHENJI CAOZUO SHIWU

中国财政经济出版社 出版

URL：http://www.cfeph.cn
E-mail：cfeph@cfeph.cn

（版权所有　翻印必究）

社址：北京市海淀区阜成路甲28号　邮政编码：100142
营销中心电话：010-88191522
天猫网店：中国财政经济出版社旗舰店
网址：https://zgczjjcbs.tmall.com
北京中兴印刷有限公司印刷　各地新华书店经销
成品尺寸：170mm×240mm　16开　14.75印张　210 000字
2025年7月第1版　2025年7月北京第1次印刷
定价：75.00元
ISBN 978-7-5223-3738-8
（图书出现印装问题，本社负责调换，电话：010-88190548）
本社质量投诉电话：010-88190744
打击盗版举报热线：010-88191661　QQ：2242791300

编委会

丛书顾问：方　宇

丛书主编与编委会主任委员：戴　琼

编委会副主任委员：王凤波

编委：（按姓氏笔画排序）

于淑君　王　晶　王凤波　白艳娟

安根生　李春莉　施莹华　戴　琼

前 言

为深入贯彻党的二十大会议精神，落实《国务院办公厅关于进一步规范财务审计秩序 促进注册会计师行业健康发展的意见》（国办发〔2021〕30号）文件要求，推动中小会计师事务所的高质量发展及人才战略布局，分析中小会计师事务所在发展过程中遇到的痛点、难点、堵点问题，并提出相应的改革创新建议；促进中小会计师事务所之间的经验交流，分享先进经验。经北京注册会计师协会第八届理事会三次会议审议通过，决定成立中小会计师事务所发展促进委员会（以下简称"中小所促进委员会"）。中小所促进委员会成立后，持续致力于强化中小会计师事务所执业规范、解决执业过程中遇到的难题，提升执业人员执业质量，培养事务所核心竞争能力，推动中小会计师事务所的专业化、精细化、特色化发展，全面践行"专精特新"发展战略。

鉴于中小会计师事务所以专项审计为主要业务的现状，为贯彻落实注册会计师执业规范和具体审计指引、提升会计师事务所专项审计的专业水平、不断培养专项审计领域的专业人才，努力推动注册会计师行业的进步，积极助力国家诚信体系的建设，中小所促进委员会联合资深的专家学者、在专项审计领域拥有丰富经验的领军人才以及一线实际执业人员，对科研项目（课题）结题审计、高新认定专项审计、领导干部经济责任审计、基本建设项目竣工财务决算审计、民非组织专项审计、财政资金预算绩效审计等中小会计师事务所广泛参与的业务领域，从理论发展、执业经验、具体操作等方面进行研究与总结，适时编辑出版。旨在进一步推动注册会计师行业专项审计的专业化、规范化、标准化、精细化发展。

本书由王凤波副主任和白艳娟委员两位基于长期从事国有企事业单位专项审计工作的经验积累，依据《党政主要领导干部和国有企事业单位主要领导人员经济责任审计规定》和《关于进一步规范经济责任审计工作有关事项的通知》等文件规定，结合中国注册会计师执业准则体系的相关要求，通过对国有企业主要领导人员经济责任审计的基本理论、业务流程、审计重点以及底稿编制的全面阐述，旨在为从事国有企业主要领导人员经济责任审计工作的注册会计师及相关人员提供一本实用的操作手册，从而提升国有企业单位主要领导人员经济责任审计的效果和效率。

在本书的编写过程中，施莹华女士对全书进行了审阅，并提出了诸多建设性的意见和建议，戴琼主任对全书进行了审阅、修订和完善。在资料的搜集与整理方面，各位编委给予了大力支持并通力合作。本书致力于审计经验的交流与分享，但囿于编委会成员的学识，书中难免存在疏漏甚至错误，敬请同仁批评指正！

本书的出版，得益于北京注册会计师协会领导的直接关心与支持，得益于中国财政经济出版社领导和编辑的大力支持，在此一并致谢！

编委会
2025 年 5 月

目 录

第一章　绪论 ………………………………………………………（ 1 ）
　一、国有企业主要领导人员经济责任审计制度的发展 ………（ 2 ）
　二、国有企业主要领导人员经济责任审计应当遵循的原则 ……（ 5 ）
　三、国有企业主要领导人员经济责任审计的内容 ……………（ 6 ）
　四、国有企业主要领导人员经济责任的类型 …………………（ 7 ）

第二章　初步业务活动 ……………………………………………（ 9 ）
　一、初步业务活动的基本要求与应考虑事项 …………………（ 10 ）
　二、初步业务活动的内容 ………………………………………（ 12 ）
　三、初步业务活动工作底稿的编制 ……………………………（ 16 ）
　四、审计业务约定书的签订 ……………………………………（ 23 ）

第三章　审计计划工作 ……………………………………………（ 31 ）
　一、编制审计计划需要考虑的主要因素 ………………………（ 31 ）
　二、制定总体审计策略 …………………………………………（ 34 ）
　三、编制具体审计计划 …………………………………………（ 40 ）
　四、制发审计通知书 ……………………………………………（ 45 ）

第四章　审计准备与控制测试 ……………………………………（ 51 ）
　一、参加审计进场启动会议 ……………………………………（ 51 ）

二、收集相关资料…………………………………………（ 52 ）
　　三、内部控制评价…………………………………………（ 55 ）
　　四、获取审计证据…………………………………………（ 65 ）

第五章　进一步审计程序………………………………………（ 75 ）
　　一、贯彻执行党和国家经济方针政策、决策部署情况的审计 …（ 75 ）
　　二、企业发展战略规划的制定、执行和实施效果情况审计……（ 84 ）
　　三、重大经济事项的决策、执行和实施效果情况审计…………（ 89 ）
　　四、企业法人治理结构的建立、完善和运行情况审计…………（110）
　　五、企业财务的真实合法性及效益情况审计……………………（115）
　　六、企业风险管控情况审计………………………………（145）
　　七、企业境外资产管理情况审计…………………………（152）
　　八、企业生态环境保护情况审计…………………………（159）
　　九、落实有关党风廉政建设责任和遵守廉洁从业规定情况
　　　　审计……………………………………………………（162）
　　十、以往审计发现问题的整改情况………………………（168）
　　十一、其他需要审计的内容………………………………（171）

第六章　审计完成工作…………………………………………（174）
　　一、整理、评价审计证据…………………………………（174）
　　二、整理、汇总审计发现的问题…………………………（175）
　　三、对被审计企业主要领导人员的经济责任进行认定…………（197）
　　四、对被审计企业主要领导人员进行审计评价…………………（204）
　　五、整理、复核审计工作底稿……………………………（207）
　　六、编制审计报告…………………………………………（214）

参考文献…………………………………………………………（226）

第一章

绪　　论

经济责任是指党政主要领导干部和国有企事业单位主要领导人员在任职期间，对其管辖范围内贯彻执行党和国家经济方针政策、决策部署，推动经济与社会事业发展，管理公共资金、国有资产、国有资源，防控重大经济风险等经济活动应当承担的职责。经济责任审计则是指由独立的审计机构及其审计人员，依据党和国家的方针政策、财经法规、法令、制度以及计划、预算、经济合同等，对经济责任关系主体履行经济责任的情况进行监督、审查、评价和证明的一种审计活动。

经济责任审计工作是一项具有中国特色的审计活动，必须以马克思列宁主义、毛泽东思想、邓小平理论、"三个代表"重要思想、科学发展观、习近平新时代中国特色社会主义思想为指导，增强"四个意识"，坚定"四个自信"，做到"两个维护"，认真落实党中央、国务院的决策部署，紧紧围绕统筹推进"五位一体"总体布局和协调推进"四个全面"战略布局，贯彻新发展理念，聚焦经济责任，客观评价，揭示问题，促进经济高质量发展，促进全面深化改革，促进权力规范运行，促进反腐倡廉，推进国家治理体系和治理能力现代化。

经济责任审计工作应聚焦于既定目标，凸显关键任务。审计活动需依据领导干部的职责范畴，重点审查党和国家重大经济政策、决策在本单位的执行情况，本单位战略目标、规划、计划的实施状况，以及主要业务的开展情况；同时，应关注资金分配、资产处置、公共资源交易等关键领域和环节。审计工作还应集中于内部控制、风险管理、权力运行和责任落实，以及是否导致公共资金、国有资产、国有资源的损失浪费，生态环境的破坏，以及公共利益的损害等后果。审计应着重揭示与领导干部职责履行相关的典型和普遍性问题，并积极推动审计整改和结果的应用，旨在预防和纠正权力失控、决策失误和行为失范。通过常态化地对领导干部进行"经济体检"，发挥审计在"治已病，防未病"方面的作用。经济责任审计是加强领导干部权力运行约束和监督的关键手段，也是规范领导干部履职尽责、推进反腐败工作的重要途径。执行针对国有企业主要领导人员的经济责任审计，是实现干部管理与党风廉政建设相结合的关键策略，也是提升国有资产监管效能、增进资产运营效率的有效途径。

本书所指国有企业主要领导人员，包括国有及国有资本占控股地位或占主导地位的企业（包括金融机构，以下简称"国有企业"）的法定代表人，或虽非法定代表人但实际行使相应职权的主要领导人员。

经济责任审计既可在国有企业主要领导人员任职期间展开，也可在其离任后进行，主要以任职期间审计为主。国有企业主要领导人员任职期间的经济责任审计期限，通常自其上任次月起至决定进行审计的前一月止；而离任经济责任审计则通常涵盖其整个任职期间，即从上任次月起至离任当月。

一、国有企业主要领导人员经济责任审计制度的发展

国有企业主要领导人员经济责任审计的历史可追溯到20世纪80年代中后期，即中国经济体制由计划经济向市场经济转型的改革开放初期。其发展历程大致可划分为以下关键阶段：

1. 试点阶段（20世纪80年代中后期）。在中国改革开放和经济体制改革的背景下，为加强对国有企业的监督管理，确保国有资产的保值增值，中央政府开始在一些地区的国有企业进行领导人经济责任审计试点。

1986年9月，中共中央、国务院发布了《全民所有制工业企业厂长工作条例》，提出厂长离任前，企业主管机关（或会同干部管理机关）可以提请审计机关对厂长进行经济责任审计评议。同年12月，审计署发布《关于开展厂长离任经济责任审计工作几个问题的通知》，明确了厂长离任经济责任审计的内容。

2. **制度化阶段**（20世纪90年代）。随着审计试点工作的深入及审计实践经验的不断积累，国家对经济责任审计工作的重视程度逐步提升。1999年5月，中共中央办公厅、国务院办公厅印发了《县级以下党政领导干部任期经济责任审计暂行规定》与《国有企业及国有控股企业领导人员任期经济责任审计暂行规定》（中办发〔1999〕20号），标志着我国经济责任审计制度的初步建立。

3. **扩展与深化阶段**（21世纪初至今）。随着中国市场经济体制的不断完善和国有企业改革的深入，经济责任审计进一步扩展到了更多的领域。2004年8月，国务院国有资产监督管理委员会发布《中央企业经济责任审计管理暂行办法》（国务院国有资产监督管理委员会令第7号），对中央企业及其独资或者控股子企业的经济责任审计工作进行了规范。2006年2月，修正后的《中华人民共和国审计法》第二十五条规定："审计机关按照国家有关规定，对国家机关和依法属于审计机关审计监督对象的其他单位的主要负责人，在任职期间对本地区、本部门或者本单位的财政收支、财务收支以及有关经济活动应负经济责任的履行情况，进行审计监督。"标志着我国经济责任审计制度进入法制化轨道。

为贯彻和强化党对审计工作的集中统一领导，加强对党政主要领导干部及国有企事业单位主要领导人员的管理监督，推动领导干部恪尽职守、积极履职，确保党中央的决策和指令得到严格执行，依据《中华人民共和国审计法》及相关党内法规，2010年10月，中共中央办公厅、国务院办公厅印发了《党政主要领导干部和国有企业领导人员经济责任审计规定》（中办发〔2010〕32号）。该规定作为经济责任审计工作的核心指导文件，对于确保党中央决策的执行力、维护国家经济安全、推进全面深化改革、促进法治国家建设以及廉政建设等方面起到了至关重要的作用。2014年7月，中央经济责任审计工作部际联席会议成员单位共同发布《党政主要领导干部和国有企业领导人员经济责任审计规定实施细则》，进一步对经济责任审计制度进行了细化和明确。

审计署2018年1月发布的《审计署关于内部审计工作的规定》（审计署令第11号）第十二条规定，内部审计机构或者履行内部审计职责的内设机构应当按照国家有关规定和本单位的要求，对本单位内部管理的领导人员履行经济责任情况进行审计。这进一步明确了对领导人员经济责任履行情况进行审计，是内部审计机构或者履行内部审计职责的内设机构的重要职责。

党的十八大以来，以习近平同志为核心的党中央立足于推进国家治理体系和治理能力现代化，以及完善党和国家监督体系的全局视角，对审计工作的加强与审计制度的完善作出了重大战略部署。党的十九大及十九届三中全会作出决策，对审计管理体制进行改革，成立中央审计委员会，以强化党对审计工作的领导，构建一个集中统一、全面覆盖、权威高效的审计监督体系。2018年5月，习近平总书记主持召开了中央审计委员会的首次会议，并发表了重要讲话，深入阐释了审计工作的一系列根本性、方向性、全局性问题，为新时代审计事业的发展指明了方向。2019年3月，中共中央印发了修订后的《党政领导干部选拔任用工作条例》，明确规定对于需要进行经济责任审计的考察对象，必须事先依照相关规定执行审计程序。

为深入贯彻党的十九大及十九届二中、三中全会精神，以及中央审计委员会会议精神，适应审计管理体制改革的需要，完善审计监督体系，2019年7月，中共中央办公厅、国务院办公厅印发了《党政主要领导干部和国有企事业单位主要领导人员经济责任审计规定》，进一步明确了经济责任审计工作的指导思想、规范了计划管理和审计结果的报送流程、细化了审计评价内容、调整了责任类型（包括直接责任与领导责任）、并完善了监督纠错机制，为新时代经济责任审计工作提供了基本遵循。2021年2

月，中央审计委员会办公室、审计署联合发布了《关于进一步规范经济责任审计工作有关事项的通知》，进一步规范了经济责任审计工作的具体操作。2023年7月，中央审计委员会办公室发布了《关于印发2023审计年度经济责任审计工作指导意见的通知》（中审办发〔2023〕24号），为进一步推动经济责任审计工作的高质量发展奠定了制度基础。

经过多年的不断演进，国有企业主要领导人员经济责任审计已经成为我国加强国有资产监管、促进国有企业高质量发展、构建廉洁企业的关键措施。随着中国经济体制改革的持续深化以及信息技术在审计领域的应用，审计方法也将趋向现代化，如运用大数据、云计算等先进技术以提升审计工作的效率和质量，利用人工智能技术进行审计风险预测和智能分析，借助区块链技术保证审计数据的真实性和不可篡改，甚至还将应用其他新兴审计科技手段等。未来，经济责任审计将沿着更加规范化、专业化、科技化的路径持续发展。

二、国有企业主要领导人员经济责任审计应当遵循的原则

经济责任审计是对特定时期内被审计企业及其主要领导人员履行经济责任情况的审查，该审查融合了事前预防与事后监督的双重功能。其遵循的原则主要包括：

1. 公正性原则。经济责任审计应保持客观公正，避免任何外部因素的干扰，确保审计结果的真实性和公正性。

2. 独立性原则。审计机构和审计人员应在法律规定的权限和程序下，独立执行审计工作，不受被审计企业和其他外部因素的影响。

3. 客观性原则。在审计过程中，对于所有信息都应实事求是、如实记录，判断和评价应基于充分的审计证据，确保审计结论的客观性。

4. 保密性原则。审计人员对在审计过程中接触到的有关被审计企业的商业秘密、技术秘密等信息应严格保密，不得泄露给无关的第三方。

5. 合法性原则。经济责任审计必须严格遵守国家的法律法规和审计准则，所有审计活动均应在法律框架内进行。

6. 有效性原则。经济责任审计应注重审计效率和效果，选择恰当的审计方法，确保审计资源合理利用，通过审计活动促进被审计企业经济责任的履行，提升其经济效益。

7. 全面性原则。经济责任审计要注重全面审视被审计企业的经济活动及经济责任履行的全貌，避免出现审视"盲点"。

8. 风险导向原则。在经济责任审计过程中，应重视风险评估，识别和关注被审计企业在经济责任履行过程中可能存在的重大风险点，实施有针对性的审计程序。

三、国有企业主要领导人员经济责任审计的内容

针对国有企业领导人员进行的经济责任审计，其对象为国有企业的法定代表人，或虽非法定代表人但实际行使相应职权的主要领导人员。《党政主要领导干部和国有企事业单位主要领导人员经济责任审计规定》明确指出，国有企业主要领导人员经济责任审计应涵盖以下内容：

1. 对党和国家经济方针政策、决策部署的贯彻执行情况。包括但不限于政策的传达、学习、理解和实施步骤，以及如何确保这些政策和决策在组织内部得到有效的执行和落实。

2. 企业发展战略规划的制定、执行及其成效。涉及战略规划的制定过程、执行过程中的监控和调整，以及最终实现的战略目标和取得的成效。

3. 重大经济事项的决策、执行及其成效。涵盖决策过程的透明度、执行过程的合规性以及事项完成后的经济和社会效益。

4. 企业法人治理结构的建立、完善与运作状况，以及内部控制制度的制定与执行情况。包括法人治理结构的框架、运作机制和内部控制的有效性。

5. 企业财务的真实、合法性及效益状况，风险控制状况，境外资产的

管理状况，以及生态环境保护状况。包括财务报告的准确性、合规性、盈利能力和风险防范措施，以及对境外资产的管理策略和环境保护措施。

6. 在经济活动中履行党风廉政建设责任和遵守廉洁从业规定的情况。强调在经济活动中如何贯彻党风廉政建设的要求，以及如何确保员工遵守廉洁从业的相关规定。

7. 对以往审计中发现的问题的整改情况。针对审计中指出的问题所采取的整改措施、整改进度和整改效果。

8. 其他需要审计的相关内容。包括但不限于审计过程中发现的其他重要事项，以及可能影响企业运营和发展的其他潜在风险。

四、国有企业主要领导人员经济责任的类型

对领导干部履行经济责任过程中存在的问题，应按照权责一致原则，根据领导干部职责分工，综合考虑相关问题的历史背景、决策过程、性质、后果和领导干部实际所起的作用等情况，界定其应当承担的直接责任或者领导责任。《党政主要领导干部和国有企事业单位主要领导人员经济责任审计规定》第四十条明确规定，领导干部对履行经济责任过程中的下列行为应当承担直接责任：

1. 直接违反有关党内法规、法律法规、政策规定的；

2. 授意、指使、强令、纵容、包庇下属人员违反有关党内法规、法律法规、政策规定的；

3. 贯彻党和国家经济方针政策、决策部署不坚决不全面不到位，造成公共资金、国有资产、国有资源损失浪费，生态环境破坏，公共利益损害等后果的；

4. 未完成有关法律法规规章、政策措施、目标责任书等规定的领导干部作为第一责任人（负总责）事项，造成公共资金、国有资产、国有资源损失浪费，生态环境破坏，公共利益损害等后果的；

5. 未经民主决策程序或者民主决策时在多数人不同意的情况下，直接

决定、批准、组织实施重大经济事项,造成公共资金、国有资产、国有资源损失浪费,生态环境破坏,公共利益损害等后果的;

6. 不履行或者不正确履行职责,对造成的后果起决定性作用的其他行为。

《党政主要领导干部和国有企事业单位主要领导人员经济责任审计规定》第四十一条明确规定,领导干部对履行经济责任过程中的下列行为应当承担领导责任:

1. 民主决策时,在多数人同意的情况下,决定、批准、组织实施重大经济事项,由于决策不当或者决策失误造成公共资金、国有资产、国有资源损失浪费,生态环境破坏,公共利益损害等后果的;

2. 违反部门、单位内部管理规定造成公共资金、国有资产、国有资源损失浪费,生态环境破坏,公共利益损害等后果的;

3. 参与相关决策和工作时,没有发表明确的反对意见,相关决策和工作违反有关党内法规、法律法规、政策规定,或者造成公共资金、国有资产、国有资源损失浪费,生态环境破坏,公共利益损害等后果的;

4. 疏于监管,未及时发现和处理所管辖范围内本级或者下一级地区(部门、单位)违反有关党内法规、法律法规、政策规定的问题,造成公共资金、国有资产、国有资源损失浪费,生态环境破坏,公共利益损害等后果的;

5. 除直接责任外,不履行或者不正确履行职责,对造成的后果应当承担责任的其他行为。

第二章

初步业务活动

《关于进一步规范经济责任审计工作有关事项的通知》规定，经济责任审计是党中央、国务院交给审计机关的一项重要政治任务，各级审计机关要严格落实中共中央办公厅、国务院办公厅发布的《党政主要领导干部和国有企事业单位主要领导人员经济责任审计规定》，依照法定职责、权限和程序行使审计监督权，依法开展审计。遇有审计力量不足、相关专业技能受到限制等情形时，在严格项目管理、强化质量控制的前提下，可以从社会中介机构、科研机构、高等院校以及其他企事业单位等组织中，聘请具有与审计事项相关专业知识的人员参加审计工作，或者提供专业技术支持，但不得将经济责任审计项目整体委托其他组织独立实施。

《关于进一步规范经济责任审计工作有关事项的通知》进一步明确，审计组需要外聘人员的，应当经具体组织实施项目的审计机关批准。审计机关要对外聘人员做好组织管理，强化审计进度、审计流程、审计内容等方面的主导和控制，规范审核复核审理程序，明确权利义务，防范审计风险。外聘人员要落实审计机关有关质量控制的要求，遵守廉洁、保密等审计工作纪律，服从审计机关的工作安排。外聘人员不能担任审计组（含审计小组）组长、主审，不能独立开展外部调查，不能承担现场廉政监督、经费管理、涉密资料保管等工作。外聘人员对其工作结果负责，审计机关对利用其结果所形成的结论负责并做好相关事项的归档工作。

中国内部审计协会《第 2309 号内部审计具体准则——内部审计业务外包管理》规定："内部审计机构应当根据外包业务的要求，通过一定的方式，按照一定的标准，遴选一定数量的中介机构，建立中介机构备选库。内部审计机构确定纳入备选库的中介机构时，应当重点考虑以下条件：（一）依法设立，合法经营，无违法、违规记录；（二）具备国家承认的相应专业资质；（三）从业人员具备相应的专业胜任能力；（四）拥有良好的职业声誉。内部审计机构应当根据实际情况和业务外包需求，以及对中介机构工作质量的评价结果，定期对备选库进行更新。内部审计机构可以根据审计项目需要和实际情况，提出对选择中介机构的具体要求。相关部门按照公开、公正、公平的原则，采取公开招标、邀请招标、询价、定向谈判等形式，确定具体实施审计项目的中介机构。"

鉴于此，作为参与国有企业经济责任审计工作的独立第三方专业机构，会计师事务所及注册会计师在执行国有企业主要领导人员经济责任审计任务时，必须遵守《党政主要领导干部和国有企事业单位主要领导人员经济责任审计规定》以及《关于进一步规范经济责任审计工作有关事项的通知》等规范性文件的要求，并且遵循注册会计师执业准则体系的相关规定。《中国注册会计师审计准则第 1121 号——对财务报表审计实施的质量管理》明确指出，在首次接受审计委托时，注册会计师应针对建立客户关系及承接特定审计业务，执行相应的质量管理程序；在进行连续审计时，注册会计师应针对维护客户关系及特定审计业务，执行相应的质量管理程序。

一、初步业务活动的基本要求与应考虑事项

（一）初步业务活动的基本要求

开展初步业务活动的目标是帮助注册会计师制订一个全面而详尽的审计计划。这一过程至关重要，因为它确保了在规划和执行审计工作时，能

够满足一系列的严格要求。

首先，注册会计师必须已经具备了执行业务所需的独立性和专业胜任能力。这意味着他们不仅在技术上能够胜任审计工作，而且在道德和法律层面上，他们也能够保持客观和公正，不受任何外部因素的不当影响。

其次，注册会计师在承接审计业务时，必须确保不存在任何可能影响他们意愿的情形，特别是被审计企业管理层的诚信问题。如果管理层存在诚信问题，可能会对审计结果的公正性和准确性造成影响，因此注册会计师需要对此类风险保持警觉。

最后，注册会计师在与委托方沟通时，必须确保双方对业务约定条款没有误解。这包括审计的范围、目标、责任以及预期的成果等。只有在双方对这些关键条款达成一致理解的情况下，才能确保审计工作顺利进行。

（二）接受委托时应当考虑的事项

在接受国有企业经济责任专项审计业务委托时，注册会计师必须审慎考虑以下事项：

1. 在与委托方进行沟通过程中，注册会计师需要就经济责任审计中的关键议题进行深入探讨，确保双方对这些议题有共同的理解，并明确这些议题对总体审计策略以及具体审计计划可能产生的潜在影响；

2. 针对预期的特定风险，注册会计师应当指派那些对经济责任审计业务具有深入了解、专业能力突出的审计人员，以确保审计工作的质量和效率；

3. 在接受专项审计委托时，注册会计师必须遵循会计师事务所关于接受专项审计委托的质量控制制度，严格执行其他相关程序，以保证审计工作的规范性和可靠性；

4. 注册会计师还需要调查被审计国有企业主要领导人员所在单位近年来接受审计的历史记录，以及审计中发现问题的整改落实情况，从而全面评估企业的经济责任履行情况。

二、初步业务活动的内容

（一）接受委托前应获取的信息

会计师事务所应按照执业准则的相关规定，谨慎决策是否接受或保持客户关系，以切实履行执业责任和防范职业风险。在决定是否考虑接受经济责任审计业务时，应获取如下信息：

1. 了解被审计企业主要领导人员及其所在单位关键管理人员是否诚信。《中国注册会计师鉴证业务基本准则》第九条规定："在接受委托前，注册会计师应当初步了解业务环境。业务环境包括业务约定事项、鉴证对象特征、使用的标准、预期使用者的需求、责任方及其环境的相关特征，以及可能对鉴证业务产生重大影响的事项、交易、条件和惯例等其他事项。"事务所在业务承接前，注册会计师需要与委托方直接沟通，或查阅相关资料，分析判断被审计企业主要领导人员和被审计企业关键管理人员的诚信情况。

2. 注册会计师是否具备专业胜任能力以及必要的时间和资源。事务所在业务承接前，注册会计师需要充分考虑是否具备专业胜任能力以及必要的时间和资源。《中国注册会计师鉴证业务基本准则》第十条规定，在初步了解业务环境后，只有认为符合独立性和专业胜任能力等相关职业道德规范的要求，并且拟承接的业务具备下列所有特征，注册会计师才能将其作为鉴证业务予以承接：

（1）鉴证对象适当；

（2）使用的标准适当且预期使用者能够获取该标准；

（3）注册会计师能够获取充分、适当的证据以支持其结论；

（4）注册会计师的结论以书面报告形式表述，且表述形式与所提供的保证程度相适应；

（5）该业务具有合理的目的。如果鉴证业务的工作范围受到重大限制,或委托人试图将注册会计师的名字和鉴证对象不适当地联系在一起,则该业务可能不具有合理的目的。

3. 评价审计项目组成员是否能够遵守相关职业道德要求。事务所在业务承接前,注册会计师应当评价审计项目组成员是否能够充分遵循职业道德基本原则。《中国注册会计师职业道德守则第1号——职业道德基本原则》第七条规定,注册会计师应当遵循下列职业道德基本原则:(1)诚信;(2)客观公正;(3)独立性;(4)专业胜任能力和勤勉尽责;(5)保密;(6)良好职业行为。

诚信是注册会计师行业存在和发展的基石,在职业道德基本原则中居于首要地位。事务所在业务承接前,要充分考虑注册会计师在执业过程中是否能遵循诚信原则,在职业活动中能否保持正直、诚实守信。

客观公正是独立审计中的核心原则。客观公正对于维持独立审计的品质、提升其社会价值具有不可替代的作用,是确保审计结果公平、公正、独立的关键要素。注册会计师不得由于偏见、利益冲突或他人的不当影响而损害自己的职业判断。如果存在对职业判断产生过度不当影响的情形,注册会计师不得从事与之相关的执业活动。

独立性是审计业务的灵魂。事务所在业务承接前,要充分考虑注册会计师是否能遵循独立性原则,是否从实质上和形式上保持独立性,不因任何利害关系影响其客观公正。

专业胜任能力和勤勉尽责是注册会计师应当遵循的基本原则。事务所在业务承接前,要充分考虑注册会计师是否获取并保持应有的专业知识和技能,确保为客户提供具有专业水准的服务,做到勤勉尽责;是否能做到遵守职业准则的要求并保持应有的职业怀疑,认真、全面、及时地完成工作任务;能否采取适当措施,确保在其授权下从事专业服务的人员得到应有的培训和督导。

对职业活动中获知的涉密信息保密,注册会计师应当遵循保密原则。事务所在业务承接前,要充分考虑注册会计师是否能遵守下列要求:警觉无意中泄密的可能性,包括在社会交往中无意中泄密的可能性,特别要警觉无意中向关系密切的商业伙伴或近亲属泄密的可能性；对所在会计师事务所内部的涉密信息保密；对职业活动中获知的涉及国家安全的信息保密；对拟承接的客户向其披露的涉密信息保密；在未经客户授权的情况下，不得向会计师事务所以外的第三方披露其所获知的涉密信息，除非法律法规或职业准则规定注册会计师在这种情况下有权利或义务进行披露；不得利用因职业关系而获知的涉密信息为自己或第三方谋取利益；不得在职业关系结束后利用或披露因该职业关系获知的涉密信息；采取适当措施，确保下级员工以及为注册会计师提供建议和帮助的人员履行保密义务。值得一提的是，如果注册会计师遵循保密原则，信息提供者通常可以放心地向注册会计师提供其从事职业活动所需的信息，而不必担心该信息被其他方获知，这有利于注册会计师更好地维护公众利益。

良好职业行为是注册会计师应当遵循的重要原则。事务所在业务承接前，要充分考虑注册会计师是否爱岗敬业、遵守相关法律法规，是否能够避免发生任何可能损害职业声誉的行为。是否能够做到在明知的情况下，从事任何可能损害诚信原则、客观公正原则或良好职业声誉，从而可能违反职业道德基本原则的业务、职务或活动。能否做到在向公众传递信息以及推介自己和工作时，客观、真实、得体，不损害职业形象。是否能够做到诚实、实事求是。

4. 就审计业务约定条款能否与委托方达成一致意见。会计师事务所在作出是否接受或保持客户关系和是否接受业务委托时，注册会计师需要按照《中国注册会计师审计准则第 1111 号——就审计业务约定条款达成一致意见》的规定，在审计业务开始前与委托方充分沟通，是否明确知悉对于审计报告保证程度、使用范围、是否存在不切实际的结果预期或超出职责权限的承诺，就审计业务约定条款达成一致意见，以避免双方对审计业务的理解产生分歧。如果审计的前提条件不存在，注册会计师应当按照《中国注册会计师审计准则第 1111 号——就审计业务约定条款达成一致意见》第八条的规定，与委托方进行沟通，并根据具体情况判断承接审计业务是否适当。

(二) 初步风险评估与应对

会计师事务所应当在客户关系和具体业务的接受与保持方面树立风险意识，确保项目风险评估真实、到位。对于在客户关系和具体业务的接受与保持方面具有较高风险的客户，会计师事务所应当设计和实施专门的质量管理程序，如加强与前任注册会计师的沟通、与相关监管机构沟通、访谈拟承接客户以了解有关情况、加强内部质量复核等。对于从其他会计师事务所转入人员带来的客户，会计师事务所应当严格执行与客户关系和具体业务的接受与保持相关的程序，审慎承接新客户。

针对客户关系和审计业务的接受与保持，注册会计师应当按照《中国注册会计师审计准则第1121号——对财务报表审计实施的质量管理》的规定，实施相应的程序。在首次接受审计委托时，注册会计师应当针对建立客户关系和承接具体审计业务，实施相应的质量管理程序；在连续审计时，注册会计师应当针对保持客户关系和具体审计业务，实施相应的质量管理程序。具体如下：

1. 注册会计师应与委托方讨论经济责任审计中的重大问题，包括这些重大问题对计划审计工作的影响；充分考虑被审计企业主要领导人员和所在单位此前接受审计的情况。

2. 在经过初步风险判断决定承接该业务后，事务所应分派了解国有企业主要领导人员经济责任审计特点，熟悉相关法律法规政策，并具备专业胜任能力的审计人员。针对预见到的特别风险，分派具有适当经验且专业胜任能力较强的审计人员。

3. 审计项目负责人应当确信，有关客户关系和具体审计业务的接受与保持的质量控制程序已得到恰当遵守，形成的有关结论是适当的并已记录于工作底稿。无论有关审计业务接受与保持的决策过程是否由项目负责人发起，项目负责人都应当确定最近的决策是否适当。

4. 如果项目负责人在接受审计业务后获知了某项信息，而该信息若在接受业务前获知,可能导致会计师事务所拒绝该项业务,项目负责人应当立即将该信息告知会计师事务所,以使会计师事务所和项目负责人能够采取必要的行动。

5. 审计项目负责人应当确信项目组整体具有适当的素质、专业胜任能力以及必要的时间,能够按照法律法规、职业道德规范和审计准则的规定执行审计业务,并根据具体情况出具恰当的审计报告。

三、初步业务活动工作底稿的编制

编制审计工作底稿,既是对已获取证据的记录,也是整个审计工作的基础。初步业务活动工作底稿的编制,是审计过程中的重要环节。国有企业主要领导人员经济责任审计初步业务活动的底稿编制主要包括以下内容。

1. 初步业务活动审计程序,参见示例 2-1:初步业务活动审计程序表。

【示例 2-1】初步业务活动审计程序表如表 2-1 所示。

表 2-1　　　　　　　　初步业务活动审计程序表

被审计企业			签字	时间	索引号
被审计企业主要领导人员		编制人			
审计期间		复核人			

初步业务活动的目标
评价是否接受业务委托。如接受业务委托,确保在计划审计工作时达到下列要求:
1. 具备执行业务所需的独立性和专业胜任能力;
2. 不存在因被审计企业主要领导人员和所在单位关键管理人员诚信问题,影响注册会计师承接或保持该项业务意愿的事项;
3. 与被审计企业之间不存在对业务约定条款的误解。

续表

初步业务活动审计程序	索引号	执行人
1. 与委托人面谈，讨论如下事项：		
（1）审计目标；		
（2）审计报告的格式和用途；		
（3）被审计企业主要领导人员和所在单位的责任；		
（4）审计范围；		
（5）委托方对审计时间和报告时间的要求；		
（6）会计记录是否完整和具有可审性；		
（7）被审计企业主要领导人员和所在单位以前审计（检查）情况，存在的问题及整改情况；		
（8）审计收费及收费的计算基础和安排。		
2. 必要时，与被审计企业主管单位等进行沟通，或查阅相关资料，分析判断被审计企业主要领导人员和所在单位关键管理人员的诚信情况；		
3. 评价是否具备执行该项审计业务所需的独立性和专业胜任能力；		
4. 签订审计业务约定书。		

2. 对初步业务活动作出整体评价，参见示例2-2：初步业务活动评价表。

【示例2-2】初步业务活动评价表如表2-2所示。

表2-2　　　　　　　初步业务活动评价表

被审计企业		签字	时间	索引号
被审计企业主要领导人员		编制人		
审计期间		复核人		
初步业务活动的目标				

评价是否接受业务委托。如接受业务委托，确保在计划审计工作时达到下列要求：

1. 具备执行业务所需的独立性和专业胜任能力；

2. 不存在因被审计企业主要领导人员和所在单位管理层诚信问题，影响注册会计师承接或保持该项业务意愿的事项；

3. 与被审计企业之间不存在对业务约定条款的误解。

续表

评价要点	评价描述	备注
1. 与委托人面谈，讨论如下事项：		
（1）审计目标	按照审计准则以及《党政主要领导干部和国有企事业单位主要领导人员经济责任审计规定》和《关于进一步规范经济责任审计工作有关事项的通知》的要求，根据主要领导人员职责范围，着重围绕党和国家重大经济方针政策、决策部署在本单位贯彻落实情况，本单位发展战略目标、规划、计划实施情况，主责主业开展情况实施审计；关注重大资金分配、资产处置、公共资源交易等重要领域和关键环节；聚焦内部控制和风险管理，聚焦权力运行和责任落实，聚焦是否造成公共资金、国有资产、国有资源损失浪费、生态环境破坏、公共利益损害等后果；重点揭示与领导人员履职相关的典型性和普遍性问题。	
（2）审计报告格式及用途	参照《第3204号内部审计实务指南——经济责任审计》的报告格式出具审计报告。审计报告仅供委托方使用。	
（3）被审计企业主要领导人员和所在单位的责任	被审计企业主要领导人员及其所在单位应当对所提供资料的真实性、完整性负责，并作出书面承诺；被审计企业主要领导人员及其所在单位，以及其他有关单位应当及时、准确、完整地提供与被审计企业主要领导人员履行经济责任有关的下列资料： ①被审计企业主要领导人员经济责任履行情况报告； ②工作计划、工作总结、工作报告、会议记录、会议纪要、决议决定、请示、批示、目标责任书、经济合同、考核检查结果、业务档案、机构编制、规章制度、以往审计发现问题整改情况等资料； ③财务收支相关资料； ④与履行职责相关的电子数据和必要的技术文档； ⑤审计所需的其他资料。	

续表

评价要点	评价描述	备注
(4) 审计范围	对〔被审计企业主要领导人员所在单位及职务〕×××同志自××××年××月以来(或至××××年××月)任职期间经济责任履行情况进行审计，重点审计××××以及所属××××、××××等××家×级单位。	
(5) 委托方对审计时间和报告时间的要求	××××年××月××日之前出具正式审计报告。	
(6) 被审计企业主要领导人员和所在单位以前审计（检查）情况，存在的问题及整改情况	内审、外部检查发现的问题及整改情况。	
(7) 审计收费及收费的计算基础和安排		
(8) 委托方需要提供的协助条件		
2. 必要时，与被审计企业主管单位进行沟通，或查阅相关资料，分析判断被审计企业主要领导人员和所在单位关键管理人的诚信情况		
3. 评价是否具备执行该项审计业务所需的独立性和专业胜任能力	(1) 审计项目组成员签署独立性声明书，遵守相关职业道德要求；	
	(2) 审计项目组成员具备执行业务所需的专业胜任能力，拥有财务、会计、审计方面的知识和经验，熟悉经济责任审计相关的法律法规和政策；	
	(3) 审计项目组具备执行业务所需的必要时间和资源。	
评价结论	是/否接受业务委托。	

3. 针对胜任能力和独立性进行评估，参见示例2－3：遵守相关职业道德情况评估记录表。

【示例 2-3】遵守相关职业道德情况评估记录表如表 2-3 所示。

表 2-3　　　　遵守相关职业道德情况评估记录表

被审计企业：			
被审计企业主要领导人员：	编制人：	编制日期：	索引号：
审计期间：	复核人：	复核日期：	页次：

审计目标：针对胜任能力和独立性进行评估

审计方法：询问、检查

1. 评价会计师事务所是否具备足够的人员：

　　会计师事务所是/否为本项目配备了足够的人员？

2. 评价项目组人员的专业素质和专业经验：

　　项目组人员是/否熟悉国有企业经济责任审计，在专业知识、职业技能、职业价值观、道德与态度、实务经历等方面是/否均能胜任，事务所是/否具有符合标准和资格要求的项目质量控制复核人员。

3. 评价会计师事务所和项目组的独立性：

　　会计师事务所和项目组人员与被审计企业是/否不存在雇佣关系，是/否不存在专业服务收费以外的直接或间接经济利益，是/否不存在有损于独立性的任何事项。

4. 结论：

　　会计师事务所和审计项目组是/否具备专业胜任能力和独立性。

4. 要求审计项目组成员签署独立性声明书，参见示例 2-4：独立性声明书。

【示例 2-4】独立性声明书。

独立性声明书

索引号：

×××会计师事务所：

　　本人接受委派，对〔被审计企业主要领导人员所在单位及职务〕×××同志自××××年××月以来（或至××××年××月）任职期间经济责任履行情况进行审计，现就本人在接受委派前及执行该项业务过程中有关独立性作出如下声明：

1. 本人承诺在执行该项业务过程中遵守中国注册会计师审计准则相关规定，遵守会计师事务所职业道德规范相关政策与程序，遵守独立、客观、公正的原则，保持应有的职业谨慎、专业胜任能力及应有的关注，勤勉尽责，并对执行该项业务过程中获知的信息保密。

2. 本人承诺在执行该项业务过程中保持形式上和实质上的独立，不因任何利害关系影响客观、公正的立场。

3. 本人承诺未兼任与所执行的业务不兼容的其他职务。

4. 本人承诺在执行该项业务时，做到实事求是，不为他人所左右，也不因个人好恶影响分析、判断的客观性。

5. 本人承诺在执行该项业务时，做到正直、诚实，不偏不倚地对待有关利益各方。

6. 本人承诺本人或与本人关系密切的家庭成员与该客户及其关联方之间不存在及不发生以下可能损害独立性的情况和关系：

（1）曾是客户及其关联方的董事、经理、其他关键管理人员或能够对该项业务产生直接重大影响的员工；

（2）为该客户及其关联方提供直接影响该项业务对象的其他服务；

（3）为该客户及其关联方编制属于该项业务对象的数据或其他记录；

（4）与该客户及其关联方长期交往，存在超越业务范围的私人关系；

（5）接受该客户及其关联方或其董事、经理、其他关键管理人员或能够对该项业务产生直接重大影响的员工的贵重礼品或超出社会礼仪的款待；

（6）购买该客户及其关联方的股票或对其拥有股权投资；

（7）与该客户及其关联方存在其他紧密的合资与合作关系；

（8）向该客户及其关联方贷款或作为该客户及其关联方借款的担保人，或从该客户及其关联方处取得贷款，或由该客户及其关联方担保而取得贷款；

（9）受托或代理该客户及其关联方的资产或业务并获得经济利益；

（10）在执行该项业务过程中利用该客户关系购买该客户提供的产品或劳务。

7. 本人承诺在接受委派及执行该项业务过程中将注意到的违反独立性要求或对独立性造成威胁的情况和关系及时告知会计师事务所。

8. 本人承诺对在执行该业务过程中获知的全部非公开信息予以保密，不与任何无关人员（包括会计师事务所与该业务无关人员）谈及相关信息。

9. 本人承诺一旦本人有计划或寻求在该客户及其关联方任职，本人将立即停止执行该项业务并报告该项目负责人。

10. 本人确信上述声明不存在任何虚假、误导性陈述或重大遗漏，并对其内容的真实性负责。

审计人员签名：

年　　月　　日

5. 对是否接受业务委托进行综合评价，参见示例 2-5：业务承接评价表。

【示例 2-5】业务承接评价表如表 2-4 所示。

表 2-4　　　　　　　　业务承接评价表

被审计企业：		编制人：	编制日期：	索引号：
被审计企业主要领导人员：				
审计期间：		复核人：	复核日期：	页次：
业务承接途径：	客户委托（　）			
委托单位情况	单位名称			
	单位性质		委托业务类型	
	联系人		联系电话	
	报告出具时间要求	年　月　日之前出具正式审计报告。		
	其他要求			

续表

项目经理意见	以往审计该单位业务中或通过其他途径了解,是否发现被审计企业及其关键管理人员不诚信情况	是（ ）	否（ ）
	是否已与被审计企业说明其承担的会计责任、业务约定条款、审计收费、需提供的协助条件等要求	是（ ）	否（ ）
	专业胜任能力	具备（ ）	不具备（ ）
	时间是否满足	满足（ ）	不满足（ ）
	是否具备独立性	具备（ ）	不具备（ ）
	人员配备方面是否满足需求	是（ ）	否（ ）
	项目风险评估等级：		
	承接意见	承接（ ）	不承接（ ）
	项目经理签字	日期：	
部门经理意见	项目风险评估等级：		
	承接意见	承接（ ）	不承接（ ）
	部门经理签字	日期：	
主任会计师意见	项目风险评估等级：		
	承接意见	承接（ ）	不承接（ ）
	主任会计师签字	日期：	
最终评价结论	承接（ ）　不承接（ ）		

四、审计业务约定书的签订

在注册会计师与委托方就审计业务约定条款达成共识后,应立即着手与委托方签订审计业务约定书。该约定书应由会计师事务所与委托方的法定代表人或其授权代表共同签署,并加盖双方印章。一旦签署,审计业务约定书即具有法律约束力,与根据《中华人民共和国民法典》签订的其他经济合同具有同等法律效力,成为委托人与受托人之间在法律上的有效契约。在发生法律诉讼时,该约定书是确定双方责任的关键依据之一。就审计工作本身而言,一旦委托与受托的目标均达成,即审计工作完成后,注册会计师就应将审计业务约定书妥善保存，作为重要的审计工作底稿资料，并纳入审计档案管理。

签订审计业务约定书旨在明确委托人与受托人的责任与义务，促使双方恪守约定事项并增进合作，以维护会计师事务所与委托方的各自利益。签订过程本身即为会计师事务所与委托方相互了解的过程，既包括会计师事务所对委托目的、被审计企业基本情况的了解，也包括委托方对审计目的、审计范围、审计依据、审计责任等方面的了解，这有利于加强双方的合作。此外，通过签订审计业务约定书，可以对双方的责任和义务作出明确规定，以尽可能减少双方的误解，并减少在审计业务中处理事项时的互相推诿现象。在法律诉讼发生时，审计业务约定书是确定会计师事务所与委托人双方应负责任的重要依据。

1. 审计业务约定书的主要内容

（1）审计业务约定书的具体内容可能因被审计企业主要领导人员的不同而存在差异，但一般应当包括下列主要方面：

①经济责任审计的目标和范围；

②注册会计师的责任；

③被审计企业主要领导人员和被审计企业的责任；

④拟出具的审计报告的预期形式和内容，以及对在特定情况下出具的审计报告可能不同于预期形式和内容的说明。

（2）审计业务约定书还可能包括下列主要方面：

①详细说明审计工作的范围，包括提及适用的法律法规、审计准则，以及中国注册会计师协会发布的职业道德守则和其他公告；

②对审计业务结果的其他沟通形式；

③说明由于审计和内部控制的固有限制，即使审计工作按照审计准则和相关指引的规定得到恰当的计划和执行，仍不可避免地存在某些重大违规未被发现的风险；

④计划和执行审计工作的安排，包括审计项目组的构成；

⑤被审计企业主要领导人员和被审计企业确认将提供书面声明；

⑥被审计企业主要领导人员和被审计企业同意向注册会计师及时提供经济责任审计相关资料，以使注册会计师能够按照预定的时间表完成审计工作；

⑦收费的计算基础和收费安排；

⑧被审计企业主要领导人员和被审计企业确认收到审计业务约定书并同意其中的条款。

（3）如果情况需要，审计业务约定书也可列明下列内容：

①在某些方面对利用其他注册会计师和专家工作的安排；

②利用被审计企业员工工作的安排；

③说明对注册会计师责任可能存在的限制；

④注册会计师与委托方之间需要达成进一步协议的事项；

⑤向其他机构或人员提供审计工作底稿的义务。

2. 审计业务约定条款的变更

《中国注册会计师审计准则第1111号——就审计业务约定条款达成一致意见》明确指出，除非存在合理依据，注册会计师不得同意修改审计业务约定条款；在审计工作完成前，若被审计企业或委托人请求将审计业务变更为保证程度较低的业务，注册会计师必须确认是否存在合理依据以支持变更；一旦审计业务约定条款发生变更，注册会计师应与管理层就新的业务约定条款达成共识，并在业务约定书或其他适当的书面协议中予以记录；若注册会计师不同意变更审计业务约定条款，而管理层不允许继续执行原审计业务，注册会计师应在适用的法律法规允许的范围内，终止审计业务约定，并确定是否有义务向治理层、所有者或监管机构等报告该事项。

若委托方在拟议的审计业务约定条款中对审计工作的范围施加限制，导致注册会计师认为这种限制将妨碍其发表意见，注册会计师应依照《中国注册会计师审计准则第1111号——就审计业务约定条款达成一致意见》第七条的规定，不应接受该业务作为审计业务。

在实际操作中，审计业务约定书的相关条款可参照示例2-6：审计业务约定书。

【示例2-6】审计业务约定书。

审计业务约定书

甲方：×××（委托方）

乙方：×××会计师事务所

兹由甲方委托乙方对[被审计企业主要领导人员所在单位及职务]×××同志自××××年××月以来(或至××××年××月)任职期间经济责任履行情况进行审计，经双方协商，达成以下约定：

一、审计目标和范围

1. 乙方接受甲方委托，对[被审计企业主要领导人员所在单位及职务]×××同志自××××年××月以来(或至××××年××月)任职期间经济责任履行情况进行审计。[可以根据实际情况详细列明需要审计人员及单位名称]。

2. 乙方按照中国注册会计师审计准则（以下简称"审计准则"）和《党政主要领导干部和国有企事业单位主要领导人员经济责任审计规定》的要求，对[被审计企业主要领导人员所在单位及职务]×××同志自××××年××月以来(或至××××年××月)任职期间经济责任履行情况进行审计，并出具审计报告。

二、甲方的责任

1. 甲方将审计目的、审计范围及审计要求等明确告知乙方，并积极配合乙方开展审计工作，提供办公场地等，以做好审计工作。

2. 甲方根据实际情况，协调乙方在审计过程中出现的有关问题，及时为乙方的审计工作提供与审计有关的所有记录、文件和其他所需的信息，对所提供的与经济责任审计相关的资料负责，并保证资料真实、合法、完整。对于某些资料中涉及的涉密信息，甲方应及时告知乙方，以便乙方采取必要的保密应对措施。

3. 甲方协助督促被审计企业主要领导人员及其所在单位应当对所提供

资料的真实性、完整性负责，并作出书面承诺。

4. 确保乙方不受限制地接触其认为必要的被审计企业内部人员和其他相关人员。

5. 甲方督促被审计企业主要领导人员及其所在单位对其作出的与经济责任审计有关的声明予以书面确认。

6. 按照本约定书的约定及时足额支付审计费用以及与审计相关的其他费用。

三、乙方的责任

1. 乙方按照审计准则和《党政主要领导干部和国有企事业单位主要领导人员经济责任审计规定》的要求执行审计工作。审计准则要求注册会计师遵守中国注册会计师职业道德守则。在执行审计的过程中，乙方需要运用职业判断。

2. 乙方识别和评估由于舞弊或错误导致的风险，设计和实施审计程序以应对这些风险，并获取充分、适当的审计证据，作为发表审计意见的基础。由于舞弊可能涉及串通、伪造、故意遗漏、虚假陈述或凌驾于内部控制之上，未能发现由于舞弊导致的重大违规的风险高于未能发现由于错误导致的重大违规的风险。

3. 乙方了解与经济责任有关的内部控制，以设计恰当的审计程序，但目的并非对内部控制的有效性发表意见。

4. 在审计过程中，乙方若发现甲方存在乙方认为值得关注的内部控制缺陷，应以书面形式向委托方通报。但乙方通报的各种事项，并不代表已全面说明所有可能存在的缺陷或已提出所有可行的改进建议。甲方在实施乙方提出的改进建议前应全面评估其影响。未经乙方书面许可，甲方不得向任何第三方提供乙方出具的沟通文件，除非法律法规另有要求。

5. 由于审计和内部控制的固有限制，即使按照审计准则和《党政主要领导干部和国有企事业单位主要领导人员经济责任审计规定》的规定适当地计划和执行审计工作，仍无法避免被审计企业主要领导人员及其所在单位的某些重大违规事项可能未被乙方发现的风险。

6. 按照约定时间完成审计工作，出具审计报告。乙方应于××××年××月××日前出具审计报告。

7. 除下列情况外，乙方应当对执行业务过程中知悉的甲方信息予以保密：(1) 法律法规允许披露，并取得甲方的授权；(2) 根据法律法规的要求，为法律诉讼、仲裁准备文件或提供证据，以及向监管机构报告发现的违法行为；(3) 在法律法规允许的情况下，在法律诉讼、仲裁中维护自己的合法权益；(4) 接受中国注册会计师协会或监管机构的执业质量检查，答复其询问和调查；(5) 法律法规、执业准则和职业道德规范规定的其他情形。对执业过程中获知的涉密信息按照国家涉密相关管理要求严格管理。

四、审计收费

1. 本次审计服务的收费是以乙方各级别工作人员在本次工作中所耗费的时间为基础计算的。乙方预计本次审计服务的费用总额为人民币××万元。

2. 甲方应于本约定书签署之日起××日内支付×%（即：××万元）的审计费用，其余款项（××万元)于［审计报告草稿完成日］结清。

3. 如果由于无法预见的原因，致使乙方从事本约定书所涉及的审计服务实际时间较本约定书签订时预计的时间有明显增加或减少，甲、乙双方应通过协商，相应调整本部分第1段所述的审计费用。

4. 如果由于无法预见的原因，致使乙方人员抵达甲方的工作现场后，本约定书所涉及的审计服务中止，甲方不得要求退还预付的审计费用；如上述情况发生于乙方人员完成现场审计工作，并离开甲方的工作现场之后，甲方应另行向乙方支付人民币××元的补偿费，该补偿费应于甲方收到乙方的收款通知之日起××日内支付。

五、审计报告和审计报告的使用

1. 乙方按照审计准则和《党政主要领导干部和国有企事业单位主要领导人员经济责任审计规定》的规定出具审计报告。在特定情况下，根据委托方要求的格式和内容出具审计报告。

2. 乙方向甲方致送审计报告一式**份。

3. 审计报告仅供甲方内部管理使用，非经许可，不得用于其他目的。非法律、行政法规规定，审计报告的全部或部分内容不得提供给其他任何单位和个人，不得见诸公共媒体。审计报告正文部分及附表不可分割，应一同阅读使用。对任何因审计报告使用不当产生的后果，与执行本审计业务的乙方及签字注册会计师无关。

六、本约定书的有效期间

本约定书自签署之日起生效，并在双方履行完毕本约定书约定的所有义务后终止。但其中第三项第7段、第四、五、七、八、九、十项并不因本约定书终止而失效。

七、约定事项的变更

如果出现不可预见的情况，影响审计工作如期完成，或需要提前出具审计报告，甲、乙双方均可要求变更约定事项，但应及时通知对方，并由双方协商解决。

八、终止条款

1. 如果根据乙方的职业道德及其他有关专业职责、适用的法律法规或其他任何法定的要求，乙方认为已不适宜继续为甲方提供本约定书约定的审计服务，乙方可以采取向甲方提出合理通知的方式终止履行本约定书。

2. 在本约定书终止的情况下，乙方有权就其于终止之日前对约定的审计服务项目所做的工作收取合理的费用。

九、违约责任

甲、乙双方按照《中华人民共和国民法典》的规定承担违约责任。

十、适用的法律和争议解决

本约定书的所有方面均应适用中华人民共和国法律进行解释并受其约束。本约定书履行地为乙方出具审计报告所在地，因本约定书引起的或与本约定书有关的任何纠纷或争议（包括关于本约定书条款的存在、效力或终止，或无效的后果），双方协商确定采取以下第_____种方式予以解决：

（1）向有管辖权的人民法院提起诉讼；

（2）提交××仲裁委员会仲裁。

十一、双方对其他有关事项的约定

本约定书一式两份，甲、乙双方各执一份，具有同等法律效力。

甲方：×××（委托方）   乙方：×××会计师事务所

（盖章）   （盖章）

授权代表：（签名并盖章）   授权代表：（签名并盖章）

××××年××月××日   ××××年××月××日

第三章

审计计划工作

审计计划是审计工作中的关键环节,它贯穿于整个审计过程的始终。审计计划是确保审计流程顺畅且高效执行的基础,包括明确审计的目的、确定审计的范围、合理地安排审计的时间以及有序地调配审计所需的各项资源,从而确保审计工作的顺利进行和高质量完成。

注册会计师在执行审计任务时,必须根据项目的具体情况和复杂程度,提前对审计的整个流程进行周密的规划和安排,制订合理的审计计划,以确保审计工作能够以合理且有效的方式展开。一个周密的审计计划有助于注册会计师更加集中地关注关键审计领域,及时发现并解决可能出现的问题;有助于恰当地组织和管理审计业务,以合理且高效的方式执行审计工作。此外,一个良好的审计计划能够确保选择具备相应专业素质和胜任能力的项目组成员来应对预期的风险,并向项目组成员合理地分派工作任务;能够指导和监督项目组成员的工作,并在必要时复核他们的工作成果,同时在适用的情况下合理地利用专家的工作。

一、编制审计计划需要考虑的主要因素

1. 审计目标。《党政主要领导干部和国有企事业单位主要领导人员经济责任审计规定》第二条指出,经济责任审计工作是以马克思列宁主义、

毛泽东思想、邓小平理论、"三个代表"重要思想、科学发展观、习近平新时代中国特色社会主义思想为指导，增强"四个意识"、坚定"四个自信"、做到"两个维护"，认真落实党中央、国务院决策部署，紧紧围绕统筹推进"五位一体"总体布局和协调推进"四个全面"战略布局，贯彻新发展理念，聚焦经济责任，客观评价，揭示问题，促进经济高质量发展，促进全面深化改革，促进权力规范运行，促进反腐倡廉，推进国家治理体系和治理能力现代化。注册会计师需要紧紧围绕国有企业主要领导人员经济责任审计目标，规划审计工作的具体范围、方法和程序等，确保审计目标得以实现。

2. 审计范围。《党政主要领导干部和国有企事业单位主要领导人员经济责任审计规定》第十九条明确规定，国有企业主要领导人员经济责任审计的内容包括：（1）贯彻执行党和国家经济方针政策、决策部署情况；（2）企业发展战略规划的制定、执行和效果情况；（3）重大经济事项的决策、执行和效果情况；（4）企业法人治理结构的建立、健全和运行情况，内部控制制度的制定和执行情况；（5）企业财务的真实合法效益情况，风险管控情况，境外资产管理情况，生态环境保护情况；（6）在经济活动中落实有关党风廉政建设责任和遵守廉洁从业规定情况；（7）以往审计发现问题的整改情况；（8）其他需要审计的内容。注册会计师需要根据国有企业主要领导人员经济责任审计相关法律法规所确定的审计内容、被审计企业执行的会计准则和财务制度、委托方的报告要求等情况，合理界定审计范围。

此外，注册会计师应主要考虑下列事项：一是经济责任审计的报告要求；二是预期审计工作涵盖的范围，包括被审计企业主要领导人员所在单位以及需延伸审计的单位数量及所在地点；三是拟利用以前年度审计工作中获取的审计证据的程度；四是与被审计企业人员的时间协调和相关数据的可获得性。

3. 审计的时间安排。在明确审计目标和审计范围后，应合理进行审计的时间安排，包括现场审计的时间安排、提交审计报告的时间以及预期与被审计企业主要领导人员及被审计企业相关人员沟通的重要日期等。注册会计师应主要考虑下列事项：（1）被审计企业提交相关报告的时间；（2）与被审计企业主要领导人员及被审计企业相关人员举行会谈，讨论审计工作的性质、范围和时间安排；（3）与委托方讨论注册会计师拟出具报告的时间安排以及需沟通的其他事项；（4）与被审计企业主要领导人员及被审计企业相关人员讨论预期在整个审计业务中对审计工作的进展进行的沟通；（5）审计项目组成员之间沟通的预期性质和时间安排，包括审计会议的性质和时间安排，以及复核已执行工作的时间安排；（6）预期是否需要和第三方进行其他沟通，包括与审计相关的法定或约定的报告责任等。

4. 审计方向。注册会计师应当考虑影响审计业务的重要因素以及审计报告使用人的需求，按照《中国注册会计师审计准则第1221号——计划和执行审计工作时的重要性》及其应用指南、《中国注册会计师审计准则问题解答第8号——重要性及评价错报》的规定确定重要性，以确定审计工作的方向，包括初步识别可能存在重大违规风险的领域，初步识别相关账户及交易，评价是否需要针对内部控制的有效性获取审计证据。应当注意的是，《中国注册会计师审计准则第1221号——计划和执行审计工作时的重要性》明确规定，在计划审计工作时确定的重要性（即确定的某一金额），并不必然表明单独或汇总起来低于该金额的未更正错报一定被评价为不重大。即使某些错报低于重要性，与这些错报相关的具体情形也可能使注册会计师将其评价为重大。设计审计程序以发现所有仅因其性质而可能被评价为重大的错报并不可行。然而，考虑披露中潜在错报的性质与设计应对重大错报风险的审计程序相关。此外，注册会计师在评价未更正错报对财务报表的影响时，不仅要考虑未更正错报金额的大小，还要考虑未更正错报的性质以及该错报发生的特定环境。在实务中，重要性水平主要是考虑委托方（报告使用者）的需求，可能要求把所有的错报都找出来，因此确定重要性水平时可能非常低，甚至为零，包括性质重要的小金额错报。当然，也要考虑审计成本效益原则，这主要依赖于注册会计师的职业判断。

5. 审计资源的调配。注册会计师需要主要考虑下列事项：（1）审计项目组成员的选择以及对项目组成员审计工作的分派，包括向可能存在较高重大违规风险的领域分派具备适当经验的人员；（2）项目时间预算，包括为可能存在较高重大违规风险的领域预留适当的工作时间；（3）对审计项目组成员的指导、监督以及对其工作进行复核的性质、时间安排和范围，包括预期项目合伙人和经理的复核范围等；（4）考虑是否需要对被审计企业的信息系统执行信息系统审计程序；（5）考虑信息技术对审计程序的影响，包括数据的可获得性和对使用计算机辅助审计技术的预期；（6）考虑实施远程非现场审计的资源安排等。

根据《关于进一步规范经济责任审计工作有关事项的通知》的规定，聘请具有与审计事项相关专业知识的人员参加审计工作，或者提供专业技术支持，但不得将经济责任审计项目整体委托其他组织独立实施；且外聘人员不能担任审计组（含审计小组）组长、主审，不能独立开展外部调查，不能承担现场廉政监督、经费管理、涉密资料保管等工作。因此，注册会计师在审计组中主要是担任技术支持和审计组成员的角色。

在审计实务中，通常由委托方内部审计机构根据年度经济责任审计计划，组成审计组。审计组由审计组组长、主审和审计组成员组成。审计组组长负责领导审计项目的开展，对审计项目和审计报告负总责；主审负责协助组织开展审计活动，向审计人员分配审计任务，起草审计报告；审计组成员在审计组组长领导和主审督导下根据分工开展工作。在组成审计组的过程中，应当根据被审计企业财政财务收支及资产规模、经济活动特点、经营管理目标以及项目的特定需求等因素，合理配置审计资源，确保审计人员专业能力与被审计企业主要领导人员负责的业务相匹配。根据工作需要，配置必要的信息化审计人员，负责收集整理各类结构化或非结构化数据，搭建数据分析平台。如有必要，还可邀请纪检监察、巡视巡察、组织人事等部门（机构）的有关人员参与审计。

二、制定总体审计策略

注册会计师需制定总体审计策略，以明确审计工作的范畴、时间规划及方向，并为具体审计计划的制订提供指导。在编制审计方案之前，注册会计师应深入了解被审计企业主要领导人员及其所在企业的相关情况。其内容涵盖：党和国家工作的重点、主管部门的工作要求；企业的发展目标、年度计划及工作重点；被审计企业主要领导人员任职期间的职责范围及分管工作；相关法律法规和政策制度；经济环境、行业状况及其他外部因素；管理体制、组织架构、经营范围、主要业务开展情况；财务状况和经营成果；适用的业绩指标体系及业绩评价情况；内部管理情况；相关信息系统及数据等。此外，注册会计师应听取委托方协调机构成员部门（机构）的意见，及时掌握与被审计企业主要领导人员履行经济责任相关的考察考核、群众反馈、巡视巡察反馈、组织约谈、函询调查、案件查处结果等情况。在制定总体审计策略时，注册会计师应考虑参照《中国注册会计师审计准则第1121号——对财务报表审计实施的质量管理》的要求获取的信息，并采取以下措施：

1. 确定审计业务的特征，以确定审计重点。如：被审计企业主要领导人员所在单位的性质，使用何种会计准则（制度）进行会计核算；被审计企业主要领导人员的任职时间，需要延伸的单位数量等；被审计企业是否设立了内部审计，如有，注册会计师是否能够利用内部审计的工作或利用内部审计人员提供协助以实现审计目的，如果能够利用，在哪些领域利用以及在多大程度上利用；对利用在以前审计工作中获取的审计证据（如获取的与风险评估程序和控制测试相关的审计证据）的预期；信息技术对审计程序的影响，包括数据的可获得性和对使用计算机辅助审计技术的预期；以前年度审计或检查所获取信息对审计工作的影响；与被审计企业人员时间协调和相关数据的可获得性。

2. 明确审计业务的报告目标，以及审计计划时间的安排和所需沟通事项的性质。了解委托方对外报告的时间要求，包括中间阶段和最终阶段；与委托方举行会谈，讨论审计工作的性质、时间安排和范围；与委托方讨论注册会计师拟出具的报告时间安排以及沟通的其他事项（口头或书面沟通）；与被审计企业主要领导人员和被审计企业管理层讨论预期就整个审计业务中对审计工作的进展进行的沟通；与组成部分注册会计师沟通拟出具的报告的时间安排，以及与组成部分审计相关的其他事项；项目组成员之间沟通的预期的性质和时间安排，包括项目组会议的性质和时间安排，以及复核已执行工作的时间安排；预期是否需要和第三方进行其他沟通，包括与审计相关的法定或约定的报告责任。

3. 根据职业判断，考虑指导项目组工作方向的重要因素，确定审计工作的方向。按照《中国注册会计师审计准则第1221号——计划和执行审计工作时的重要性》的规定确定重要性，并在适用的情况下考虑为组成部分确定重要性并就此与组成部分注册会计师进行沟通；初步识别重要组成部分和重要的交易、账户余额；初步识别可能存在较高重大错报风险的领域；就项目组成员在收集和评价审计证据过程中保持质疑的思维方式和职业怀疑的必要性，向项目组成员进行强调所采用的方式；与会计师事务所内部向被审计企业提供其他服务的人员讨论可能对审计产生影响的事项；根据交易量规模，确定注册会计师信赖内部控制是否使审计工作更有效率。

4. 确定执行业务所需资源的性质、时间安排和范围，以及向具体审计领域调配的资源（人力资源、技术资源或知识资源）的性质。例如，向高风险领域分派经验丰富的项目组成员，或委派专家处理复杂事项；向具体审计领域分配资源的多少。例如，分派到多个地点的被审计企业审计的项目组成员人数，向高风险领域分配的审计时间预算等；何时调配这些资源，包括是在期中审计阶段还是在关键的截止日期调配资源等；如何指导、监督这些资源的利用。例如，预期何时召开项目组预备会和总结会，预期项目合伙人和经理如何进行复核（是现场复核还是非现场复核）；项目预算，包括为可能存在较高重大错报风险的领域预留适当的工作时间。

在审计实践中，制定总体审计策略之前需要先了解被审计企业主要领导人员及其所在企业的相关情况。

（1）了解被审计企业主要领导人员及其所在企业的相关情况，参见示例3-1：了解被审计企业主要领导人员及其所在企业的相关情况、示例3-2：被审计企业基本情况调查表、示例3-3：被审计企业所属公司和经济实体调查表。

【示例3-1】了解被审计企业主要领导人员及其所在企业的相关情况如表3-1所示。

表3-1　　　了解被审计企业主要领导人员及其所在企业的相关情况

被审计企业			签字	时间	索引号
被审计企业领导人员		编制人			
审计期间		复核人			
执行的审计工作				执行情况	
党和国家有关工作重点、有关主管部门的工作要求					
所在单位的发展目标、年度计划及工作重点					
被审计企业主要领导人员任职期间的职责范围和分管工作					
相关法律法规和政策制度					
经济环境、行业状况及其他外部因素					
管理体制、组织架构、经营范围、主要（工作）业务开展情况					
企业财务状况和经营成果					
适用的业绩指标体系及业绩评价情况					
内部管理情况					
相关信息系统及数据等					
了解与被审计企业主要领导人员履行经济责任有关的考察考核、群众反映、巡视巡察反馈、组织约谈、函询调查、案件查处结果等情况					
……					

【示例3-2】被审计企业基本情况调查表如表3-2所示。

表3-2　　　　　　　被审计企业基本情况调查表

被审计企业			签字	时间	索引号
被审计企业领导人员		编制人			
审计期间		复核人			
被审计企业名称	（中文）			法定代表人	
	（英文）				

续表

注册地址				电话	
经济性质		所属行业	开业日期	邮编	
经营范围				经营期限	
总资产		净资产	营业收入	税后利润	
投资者名称		注册资本		实收资本	
		金额	出资比例	金额	占注册资本比例
合计					
批准机关及证书号码			社会信用统一代码		
注册日期		主管工商机关		主管税务机关	
主要负责人	董事长		总经理	财务负责人	
办公地址		邮箱		联系人	

企业历史沿革说明：

【示例3-3】被审计企业所属公司和经济实体调查表如表3-3所示。

表3-3　　　　　　被审计企业所属公司和经济实体调查表

被审计企业				签字		时间		索引号	
被审计企业领导人员				编制人					
审计期间				复核人					
公司或经济实体名称	性质	成立日期	投资额	资产总额	净资产	销售收入	主营业务	与本企业往来账	总经理	地理位置	联系电话

（2）总体审计策略相关内容参见示例 3-4：总体审计策略。

【示例 3-4】总体审计策略如表 3-4 所示。

表 3-4　　　　　　　　　　总体审计策略

被审计企业			签字	时间	索引号
被审计企业领导人员		编制人			
审计期间		复核人			

一、审计范围

被审计企业名称	现场审计/非现场审计	审计时间

二、审计进度安排

执行的审计工作	时间
计划审计工作	
风险评估程序	
审计准备与内控测试	
进一步审计程序	
访谈	
形成取证单	
形成报告初稿	
与委托方沟通	
报告复核、修改	
向被审计企业主要领导人员和被审计企业征求意见	
……	
出具正式报告	

三、人员安排

事项	职级	姓名	备注
总体审计策略制定			
风险评估程序的执行			
审计计划编制			
审计准备与内部控制测试			
进一步审计程序的执行			
访谈			
编制审计报告			
……			

续表

四、重要性

事项	发生额	重要性金额	备注

五、对专家工作的利用（如适用）

利用领域	专家	主要职责及范围	利用专家工作的原因
……			

一旦总体审计策略得以确立，注册会计师便可以针对该策略中的各项内容拟定具体的审计计划，并考虑通过高效运用审计资源以达成审计目标。这个过程涉及对审计资源的高效运用，目的是确保能够顺利地达成既定的审计目标。总体审计策略为整个审计活动提供了一个宏观的指导方向和结构框架，它能够帮助审计团队理解审计任务的总体要求和目标。而具体审计计划则是在这个宏观框架下进一步细化了执行步骤和方法，它包括了具体的审计程序、时间安排、人员分配以及所需资源的配置等。两者之间的联系是动态的，意味着在实际的审计过程中，注册会计师需要根据出现的新情况、新问题或者新信息，对审计策略和计划进行适时的调整与优化。这样的动态调整是为了确保审计工作的成效与效率，保证审计质量，同时也能适应不断变化的审计环境和条件。

三、编制具体审计计划

在总体审计策略下，注册会计师应当制订具体审计计划，具体审计计划比总体审计策略更加详细，内容包括项目组成员拟实施的审计程序的性质、时间安排和范围。计划这些审计程序，会随着具体审计计划的制订逐步深入，并贯穿于审计的整个过程。例如，计划风险评估程序在审计过程的较早阶段进行，而计划进一步审计程序的性质、时间安排和范围，则取决于风险评估程序的结果。此外，注册会计师可能先执行与某些类别的交易、账户余额或披露相关的进一步审计程序，再计划其他所有的进一步审计程序。具体审计计划应当包括下列内容：

1. 计划对项目组成员实施指导、监督并复核其工作的性质、时间安排和范围。《中国注册会计师审计准则第1121号——对财务报表审计实施的质量管理》规定：项目合伙人应当负责对审计项目组成员进行指导、监督并复核其工作；项目合伙人应当确定指导、监督和复核的性质、时间安排和范围符合下列要求：按照适用的法律法规和职业准则的规定，以及会计师事务所的政策和程序进行计划和执行；符合审计项目的性质和具体情况，并与审计项目组分配或提供的资源相匹配。

2. 计划实施的风险评估程序。注册会计师应当实施风险评估程序，为识别和评估财务报表层次和认定层次的重大错报风险提供基础。但是，风险评估程序本身并不能为形成审计意见提供充分、适当的审计证据。风险评估程序应当包括：（1）询问管理层、适当的内部审计人员（如有），以及注册会计师判断认为可能掌握有助于注册会计师识别由于舞弊或错误导致的重大错报风险的信息的被审计企业内部其他人员；（2）分析程序；（3）观察和检查。需要询问的被审计企业内部其他人员，是注册会计师根据判断认为可能拥有某些信息的人员，这些信息有助于识别由于舞弊或错误导致的重大错报风险。

注册会计师应当按照《中国注册会计师审计准则第1211号——重大错报风险的识别和评估》的规定，计划风险评估程序的性质、时间安排和范围。

3. 计划实施的进一步审计程序。注册会计师应当针对评估的认定层次重大错报风险，设计和实施进一步审计程序。在设计拟实施的进一步审计程序时，注册会计师应当重点考虑以下事项：（1）关于被审计企业主要领导人员的履职情况，注册会计师可以采用综合性审计方案或实质性审计方案,根据领导人员职责范围,着重围绕党和国家重大经济方针政策、决策部署在本单位贯彻落实情况,本单位发展战略目标、规划、计划实施情况,主责主业开展情况实施审计;(2)关于被审计企业主要领导人员任职期间的主要责任问题,注册会计师可以采用综合性审计方案或实质性审计方案,设计相关审计程序以测试与主要领导人员履职相关的内部控制有效性,按照"有权必有责、用权必担责、滥权必追责"的要求,同时也要贯彻落实"三个区分开来"的要求,正确划分领导责任和直接责任。

注册会计师应当按照《中国注册会计师审计准则第1231号——针对评估的重大错报风险采取的应对措施》的规定,计划进一步审计程序,包括控制测试和实质性测试的性质、时间安排和范围。

4. 计划实施的其他审计程序。注册会计师需要根据审计准则的规定,计划需要实施的其他审计程序。计划实施的其他审计程序可以包括上述进一步审计程序中没有涵盖的、根据审计准则的要求注册会计师需要执行的审计程序。

注册会计师在计划国有企业主要领导人员经济责任审计工作时需要注意:计划审计工作的性质和范围,因审计业务情况的变化、被审计企业的规模和复杂程度、项目组关键成员以前从被审计企业获得的经验的不同而不同;计划审计工作并非审计业务的一个孤立阶段,而是一个持续的、不断修正的过程,贯穿整个审计业务的始终。例如,由于未预期事项的存在、条件的变化或通过实施审计程序获取的审计证据等原因,注册会计师可能需要基于修正后的风险评估结果,对总体审计策略和具体审计计划,以及相应的原计划实施的进一步审计程序的性质、时间安排和范围作出修改;项目组其他关键成员参与计划审计工作,可以利用其经验和见解,提高计划过程的效率和效果。

注册会计师应按照审计组的要求,结合审前调查情况编制审计实施方案,明确审计的目标、范围、内容、程序和方法,审计组成员职责和分工,审计项目进度安排及其他相关要求等,审计过程中如有必要,审计组可调整审计方案,审计方案及其调整情况应当报委托方内部审计机构负责人批准后实施。审计实施方案的主要内容包括：(1) 编制的依据；(2) 被审计企业的名称和基本情况；(3) 审计的目标；(4) 审计的范围、内容、重点、方式、具体实施步骤；(5) 预定的审计工作起讫日期；(6) 重要性的确定及审计风险的评估；(7) 审计组成员及其分工；(8) 编制人员和日期；(9) 其他有关内容。

具体审计计划编制可参见示例3-5：具体审计计划。

【示例3-5】具体审计计划。

〔被审计企业主要领导人员所在企业及职务〕×××同志 任职期间经济责任审计具体计划

按照《党政主要领导干部和国有企事业单位主要领导人员经济责任审计规定》，×××会计师事务所接受×××的委托，拟对所属〔被审计企业主要领导人员所在单位〕×××同志进行任职期间经济责任审计。为保证本次审计工作的顺利进行，提高审计工作的效率，特制订如下审计计划(审计工作方案)：

一、审计项目基本情况

(一) 审计目标

对〔被审计企业主要领导人员所在单位〕×××同志进行任职期间经济责任审计，并出具审计报告。

(二) 审计期间

××××年××月—××××年××月。

(三) 被审计企业基本情况

略。

二、审计的范围、内容、重点、方式、具体实施步骤

(一) 贯彻执行党和国家经济方针政策、决策部署情况

××××。

(二)企业发展战略规划的制定、执行和效果情况

××××。

（三）重大经济事项的决策、执行和效果情况

××××。

（四）企业法人治理结构的建立、健全和运行情况，内部控制制度的制定和执行情况

××××。

（五）企业财务的真实合法效益情况，风险管控情况，境外资产管理情况，生态环境保护情况

××××。

（六）在经济活动中落实有关党风廉政建设责任和遵守廉洁从业规定情况

××××。

（七）以往审计发现问题的整改情况

××××。

（八）其他需要审计的内容

××××。

三、审计时间进度安排

1. 审计计划及审前调查阶段

××××年××月××日至××××年××月××日，了解被审计企业情况，进行审前调查，制订工作计划，成立审计工作组，进行审前培训。

2. 现场审计阶段

××××年××月××日至××××年××月××日，根据审计计划和审计要点实施现场审计，采取包括抽查会计记录、现场盘点、座谈了解等手段，进行现场取证，编制工作底稿。

3. 审计总结阶段

××××年××月××日至××月××日，汇总整理审计工作底稿，与被审计企业初步交换意见，完善审计取证单。

4. 审计报告阶段

××××年××月××日—××日，根据已经确定的审计取证单，草

拟审计报告征求意见稿，报委托方审定后，送被审计企业征求意见，如有修改需再次报委托方审定，经审定后出具正式审计报告。

四、审计的人员安排

（一）项目负责人

××××

（二）项目主审

××××

（三）审计助理

××××

五、重要性的确定及审计风险的评估

××××

六、其他

××××

××××会计师事务所

××××年××月××日

四、制发审计通知书

为了确保审计工作的顺利进行，以及让被审计方对即将进行的审计活动有所了解和准备，在实务操作过程中，注册会计师通常会与委托方的内部审计机构协同工作，共同向被审计的企业主要领导人员及其所在单位正式送达一份审计通知书。在某些特殊情况下，如果存在紧急或不可预见的因素，审计通知书的送达可能会在审计实施的过程中进行。无论是提前送达还是在审计过程中送达，审计通知书的内容都必须详尽无遗，包括但不限于以下关键信息：被审计企业主要领导人员的姓名及其所在单位的名称、审计活动所依据的法规或标准、审计的具体目的、审计的范围、预计的审计起始时间、负责此次审计工作审计组的组长和所有成员的名单，以及对被审计企业主要领导人员及其所在单位在配合审计工作方面提出的具体要求。

审计通知书有关内容参见示例3-6：审计通知书。

【示例3-6】审计通知书。

关于×××同志担任××××期间经济责任审计的审计通知书

×××〔被审计企业主要领导人员姓名〕同志并×××××〔被审计企业主要领导人员所在企业全称或者规范简称〕：

根据《党政主要领导干部和国有企事业单位主要领导人员经济责任审计规定》和委托方（全称）的工作部署，现决定派出审计组，自××××年××月××日起，对×××同志自××××年××月至××××年××月担任×××（单位名称和职务）期间的经济责任进行就地（送达）审计。必要时将追溯审计到以前年度或延伸审计、调查有关单位。接此通知后，请准备好附件所列有关资料。届时，请予积极配合和提供必要的工作条件，并指派专人协助审计工作。你单位应按照要求对所提供资料的真实性、完整性作出书面承诺。

审计组组长：×××

成员：×××　　×××　　×××

联系方式：

附件：需提供资料清单

（××××会计师事务所印章）

××××年××月××日

送达审计通知书的附件可包括需向审计组提供的资料清单。主要包括：(1) 被审计企业主要领导人员任职期间履行经济责任情况的述职报告，具体包括主要领导人员个人的基本情况、所在企业基本情况，主要领导人员承担的主要职责、任职期间履行职责情况、本人遵守国家财经法纪和执行廉政纪律情况，所在企业及主要领导人员取得的主要成绩、存在的主要问题，需要特别说明的情况及工作建议等；(2) 公司章程、管理制度、年度工作总结；(3) 国有企业主要领导人员任期内历年财务会计资料、统计资料、经济活动分析资料；(4) 与重大投资、担保、资产处置等重要经济活动相关的合同、协议及办公会议纪要（记录）、档案等资料；(5) 与企业资产、负债、损益有关的内部控制制度建立及执行情况；(6) 有关经济遗留问题及其处理情况、重大诉讼事项；(7) 有关经济管理监督部门对企业的检查报告、处理意见和会计师事务所、内部审计机构的审计查证资料；(8) 审计组要求提供的其他资料。

被审计企业主要领导人员所在企业需向审计组提供的资料清单参见示例3-7：需提供资料清单。

【示例3-7】需提供资料清单。

被审计企业主要领导人员所在企业需提供资料清单

根据《党政主要领导干部和国有企事业单位主要领导人员经济责任审计规定》，请在审计组进场时提供下列资料：

1. 公司章程、管理制度、年度工作总结；

2. 年度经营计划、国有企业主要领导人员任期内上级管理部门、国资部门下达的与企业资产、负债、损益相关的考核指标；

3. 国有企业主要领导人员任期内历年财务会计资料、统计资料、经济活动分析资料；

4. 与重大投资、担保、资产处置等重要经济活动相关的合同、协议及办公会议纪要（记录）、档案等资料；

5. 与企业资产、负债、损益有关的内部控制制度建立及执行情况；

6. 有关经济遗留问题及其处理情况、重大诉讼事项；

7. 有关经济管理监督部门对企业的检查报告、处理意见和会计师事务所、内部审计机构的审计查证资料；

8. 审计组要求提供的其他资料。

在所需提供资料清单中，被审计企业主要领导人员的述职报告和承诺函因被审计企业情况不同而有所不同，但相应的基本条款必须具备，被审计企业主要领导人员述职报告可以参照示例3-8：被审计企业主要领导人员述职报告，以及示例3-9：被审计企业主要领导人员个人承诺函、示例3-10：被审计企业主要领导人员所在企业承诺函。

【示例3-8】被审计企业主要领导人员述职报告。

×××〔姓名〕同志述职报告

一、基本情况

×××××××××××××××。

〔说明：本部分主要反映被审计企业主要领导人员任职期限、职责范围和分管的工作。〕

二、主要业务工作开展情况

×××××××××××××××。

〔说明：本部分主要包括：(1)任期内贯彻执行党和国家有关经济方针政策和决策部署，推动所在单位可持续发展情况；(2)任期内重大经济决策事项、决策过程及其执行效果；(3)任期内各项工作任务目标完成情况；(4)重要规章制度及内部控制制度的制定、完善和执行情况；(5)任职前和任期内重大经济遗留问题及其处理情况等内容。〕

三、党风廉政建设情况

×××××××××××××××。

〔说明：包括任期内履行推动所在单位党风廉政建设职责和个人遵守廉洁从业规定的情况。〕

四、存在的不足和需要改进的方面

×××××××××××××××。

五、其他需要说明的情况

×××××××××××××××。

述职人：×××〔述职人本人签字〕

××××年××月××日

【示例 3-9】被审计企业主要领导人员个人承诺函。

个人承诺函

审计组：

　　根据《中华人民共和国审计法》第三十四条、《中华人民共和国会计法》第四条和第二十一条、《党政主要领导干部和国有企事业单位主要领导人员经济责任审计规定》第二十六条和第二十七条之规定，在审计期间，我本人愿意按照经济责任审计工作的要求积极配合工作，提供所需要的相关资料和证明材料等，并保证提供资料的真实性与完整性。如发现有提供虚假资料或隐匿相关材料等情况发生，愿承担由此引起的全部责任。

承诺人：
年　月　日

【示例 3-10】被审计企业主要领导人员所在企业承诺函。

企业承诺函

审计组：

　　鉴于对我企业×××〔被审计企业主要领导人员姓名〕同志进行任职期间经济责任审计，我们对所提供的资料负责，并作出如下承诺：

　　一、本单位提供的会计报表和其他有关会计资料是真实的、完整的，是遵循《中华人民共和国会计法》《企业会计准则》及国家其他有关财务会计法规的规定编制的，公允地反映了本单位的财务状况、运行成果及资金变动情况。

　　二、本单位业已提供所有相关财务账簿、经济合同、证明文件以及其他重要文件和会议纪录等有关资料，保证无遗漏，并对其真实性、完整性、合法性负责。

　　三、本单位保证所有经济业务已真实、完整地记录在相关会计账目中，没有账外账和"小金库"。

四、对审计小组在审计过程中要求提供的有关调查、核实材料，本单位将按规定时间签署完毕，送交审计小组。

被审计企业（盖章）：

负责人：

财务负责人：

年　月　日

| 第四章 |

审计准备与控制测试

注册会计师在完成初步风险评估，并与委托方进行充分的沟通之后，将作出是否承接业务的决定，并制订详细的审计计划，随后即可开展后续的审计工作。控制测试作为审计活动的关键环节，涵盖了参加审计进场启动会议、收集必要资料、进行内部控制评价、执行内部审计评估以及获取审计证据等诸多方面。此阶段对于审计结果的精确度与可信度具有决定性影响，因此必须展现出很高的专业水平和审慎态度。

一、参加审计进场启动会议

在执行现场审计过程中，审计团队通常会组织一场启动会议。该会议将邀请审计团队的核心成员、被审计企业主要领导人员及其相关人员出席，以便对审计工作进行安排和协调。根据工作需要，协调机构的相关成员也可参加会议。作为审计团队成员之一的注册会计师，理应出席会议。

被审计企业主要领导人员通常需要就其在职期间履行经济责任的情况进行现场陈述（若因特殊情况无法进行现场陈述，也可提交书面陈述材料）。审计团队通常会在被审计企业公开审计项目名称、审计纪律要求以及举报电话等信息。审计公示的详细内容可参见示例4-1：审计公示。

【示例4-1】审计公示。

审计公示

根据《中华人民共和国审计法》和中共中央办公厅、国务院办公厅印发的《党政主要领导干部和国有企事业单位主要领导人员经济责任审计规定》,以及《××××规定》(×××号),经×××批准,×××派出审计组,自20××年××月××日起,对×××同志××××年××月至××××年××月任职期间履行经济责任情况进行审计,必要时将追溯到以前年度或延伸审计有关单位。

根据要求,现将本次审计情况进行公示,审计组设有意见反馈箱,有关部门、单位及个人如有意见和建议,可以投递至意见箱进行反馈。同时请大家对审计组的工作进行监督。

审计组办公地址:
审计组现场联系人姓名:
审计组现场联系电话:

××××审计组
20××年××月××日

二、收集相关资料

审计组正式进场后,应指定专人与被审计企业确定的配合审计的部门(机构)人员进行协调,就审计通知书所附资料清单中列示的有关资料进行交接,填写"非涉密审计业务资料交接清单""审计工作涉密资料'零持有'报告"以及"审计资料交接清单",并做好相关资料的签收、登记和组内分发工作。随着审计工作的深入开展,可根据需要要求被审计企业主要领导人员及其所在单位继续提供有关补充资料。审计组对于接收的所有纸质及电子资料和数据,负有保密责任,应出具"保密承诺书"。具体可参见示例4-2：非涉密审计业务资料交接清单、示例4-3：审计工作涉密资料"零持有"报告、示例4-4：审计资料交接清单，以及示例4-5：保密承诺书。

【示例4-2】非涉密审计业务资料交接清单如表4-1所示。

表4-1　　　　　非涉密审计业务资料交接清单

序号	资料内容	形式（纸质/电子）	审计组接收人	接收时间	被审单位资料提供人	联系方式	是否需要返还	被审单位资料接收人	返还时间
1									
2									
3									
4									
5									

【示例4-3】审计工作涉密资料"零持有"报告。

审计工作涉密资料"零持有"报告

本人严格按照保密工作规定，已全部清退　年　月　日至　年　月　日，在××单位开展经济责任审计工作期间的所有涉密资料（含复印件、电子版），做到了"零持有"。如违反规定导致泄密情况发生，自愿接受组织处理。

报告人签名：

年　月　日

【示例 4-4】审计资料交接清单如表 4-2 所示。

表 4-2　　　　　　　　　审计资料交接清单

序号	送审资料名称	计量单位	数量	备注
1				
2				
3				
4				
5				
6				
7				
8				
9				
10				

说明：

审计组：	被审计企业：
接收人：	移交人：
年　月　日	年　月　日
移交人：	接收人：
年　月　日	年　月　日

注：此表一式两份，交接双方各执一份。

【示例 4-5】保密承诺书。

保密承诺书

我作为××××单位经济责任审计组工作人员，了解有关保密法规制

度,知悉应当承担的保密义务和法律责任。我庄重承诺:

一、认真遵守国家保密法律、法规、规章和部保密制度,严格履行保密义务。

二、不以任何方式泄露所接触和知悉的国家秘密和工作秘密。未经单位审查批准,不擅自发表涉及尚未公开工作的文章、著述。

三、不提供虚假个人信息,自愿接受保密审查。发现针对本人的渗透、策反行为及其他可能影响国家秘密安全的情况时,及时报告。

四、不擅自改变计算机及其外部设备的涉密属性和使用责任人,不擅自接入设备或改变防护和管理措施。

五、审计工作结束后主动及时清退涉密文件、资料、移动存储介质等涉密载体。

六、违反上述承诺,自愿承担党纪、政纪责任和法律后果。

以下黑体部分由承诺人抄写:

上述所有条款本人已仔细阅读,明白无误并严格遵守。

_____

承诺人签字:　　　　　　　　　　　　年　　月　　日

三、内部控制评价

注册会计师需对被审计企业的内部控制体系进行评估,旨在深入了解被审计企业在制度构建及监管方面所采取的措施、所取得的管理成果,并合理界定因内部控制体系不完善或执行不严格而产生的相关问题所应承担的责任。作为审计程序和方法的一部分,审计人员需在内部控制测试的基础上,依据专业判断,制定审计策略。通过评审内部控制,确定无需依赖内部控制的领域,并采取有效措施,合理分配审计资源,直接进行实质性测试,同时扩大审计证据收集的范围。对于依赖内部控制的领域,应通过观察、询问、审查文件、穿行测试等手段,从业务和功能两个维度对内部控制进行合规性测试,评估其完整性和有效性,以合理确定实质性测试的范围和重点。在实际操作中，注册会计师可以利用访谈、问卷调查、现场检查等方法，对内部控制的设计合理性及运行有效性进行审查和评估，以强化内控体系的监督和检查，揭示潜在的风险隐患和内控缺陷。

（一）审查和评价内部控制设计的合理性

注册会计师需特别关注确保控制目标得以实现的内部控制制度或程序是否已经建立并设计得当，这包括内部控制的设计是否基于《企业内部控制基本规范》及其配套指引；是否全面覆盖了所有关键业务环节，并对单位的各个层级具有普遍的约束力；以及是否与单位的业务模式、风险状况和合规管理要求相适应。

1. 内部环境。审查和评价被审计企业是否建立适合本单位实际情况的内部控制体系，并组织实施，具体工作包括：梳理单位各类经济活动的业务流程，明确业务环节，系统分析经济活动风险，确定风险点，选择风险应对策略，在此基础上根据国家有关规定建立健全单位各项内部管理制度并督促相关工作人员认真执行；内部控制是否贯穿单位经济活动的决策、执行和监督全过程，实现对经济活动的全面控制；是否在全面控制的基础上，关注单位重要经济活动和经济活动的重大风险；是否在单位内部的部门管理、职责分工、业务流程等方面形成相互制约和相互监督；内部控制是否符合国家有关规定和单位的实际情况，并随着外部环境的变化、单位经济活动的调整和管理要求的提高，不断修订和完善。

内部环境情况评审可参见示例4-6：内部环境情况评审表和示例4-7：控制环境调查表。

【示例4-6】内部环境情况评审表如表4-3所示。

表4-3　　　　　　　　　　内部环境情况评审表

被审计企业：	编制人：	日期：	索引号：
被审计企业主要领导人员：			
审计期间：	复核人：	日期：	页次：

续表

内控要素	主要内容	评审情况	备注
控制环境	1. 是否建立适合本单位实际情况的内部控制体系，并组织实施；		
	2. 内部控制是否贯穿单位经济活动的决策、执行和监督全过程，实现对经济活动的全面控制；		
	3. 是否在全面控制的基础上，关注单位重要经济活动和经济活动的重大风险；		
	4. 是否在单位内部的部门管理、职责分工、业务流程等方面形成相互制约和相互监督；		
	5. 内部控制是否符合国家有关规定和单位的实际情况，并随着外部环境的变化、单位经济活动的调整和管理要求的提高，不断修订和完善。		

审计说明：

审计结论：

【示例4-7】控制环境调查表如表4-4所示。

表4-4　　　　　　　　控制环境调查表

被审计企业：						
被审计企业主要领导人员：		编制人：	日期：	索引号：		
审计期间：		复核人：	日期：	页次：		
调查项目内容			是	否	不适用	备注
1. 管理层治理和经营方式 (1) 重大经营和财务决策是否经管理层集体确定？						

续表

调查项目内容	是	否	不适用	备注
(2) 是否仔细考虑和适当控制经营风险？				
(3) 管理层是否愿意调整财务报表的重要错报、是否符合有关财务规定？				
(4) 是否高度重视内部控制？				
2. 组织机构				
(1) 企业组织是否清楚地界定权利和责任？				
(2) 交易授权的政策和程序是否建立在适当的较高管理层面？				
(3) 对分权经营是否有监督和控制？				
(4) 现有组织结构是否适当（索取组织机构图）？				
(5) 组织结构是否以绩效为中心设置？				
3. 董事会				
(1) 是否定期召开会议并及时进行会议记录？				
(2) 是否设置审计委员会？				
(3) 是否按公司法履行职权？				
4. 权责分配的方法				
(1) 是否制定了员工可以接受的有关企业经营、利益冲突和行为规范方面的政策并告知全体员工？				
(2) 为实现组织目标、管理功能和政策要求，是否清楚划分了授权和责任？				
(3) 是否确定了职员工作职责、报告关系及有关限制并告知全体职员？				
5. 管理控制办法				
(1) 管理层是否有明确的预算、利润和其他财务经营目标？				
(2) 是否建立计划和制度以适当确认同实际业绩的差异？				
(3) 是否把上述差异通知有关层次的管理人员？				
(4) 管理层是否已建立防止未经授权接近或破坏凭证、记录和资产的程序？				
6. 内部审计				
(1) 企业是否建立内部审计部门？				
(2) 内部审计是否独立于其他职能部门？				
(3) 内部审计人员是否提供书面报告？				

续表

调查项目内容	是	否	不适用	备注
7. 人事政策及实务 （1）员工是否具备必要的知识、业务技能和工作经验？ （2）员工是否了解他们工作的职责和程序？ （3）是否对员工进行定期培训和职务轮换？ （4）人事变动是否很少？				
调查结论：				

2. 风险评估。审查和评价被审计企业是否建立了经济活动风险定期评估机制，对经济活动存在的风险进行全面、系统和客观评估；经济活动风险评估是否至少每年进行一次；外部环境、经济活动或管理要求等发生重大变化的，是否及时对经济活动风险进行重估。

风险评估情况评审可参见示例4-8：风险评估情况评审表。

【示例4-8】风险评估情况评审表如表4-5所示。

表4-5　　　　　　　　　风险评估情况评审表

被审计企业：		编制人：	日期：	索引号：
被审计企业主要领导人员：				
审计期间：		复核人：	日期：	页次：
内控要素	主要内容	评审情况		备注
风险评估	1. 是否建立了经济活动风险定期评估机制，对经济活动存在的风险进行全面、系统和客观评估；			
	2. 是否至少每年进行一次；			
	3. 外部环境、经济活动或管理要求等发生重大变化的，是否及时对经济活动风险进行重估。			
审计说明：				
审计结论：				

3. 控制活动。审查和评价被审计企业是否对各项经营活动实施全过程控制，包括内部控制活动是否有助于单位党委（党组）、主要负责人的决策得以执行，是否能够满足风险管理要求；是否实施不相容职务分离控制，系统地分析、梳理业务流程中所涉及的不相容岗位和部门，形成各司其职、各负其责、相互制约的工作机制；是否建立授权审批控制，明确各岗位办理业务和事项的权限范围、审批程序和相应责任；是否建立会计系统控制，明确会计凭证、会计账簿和财务会计报告的处理程序，保证会计资料真实完整；是否建立财产保护控制措施，包括建立财产日常管理制度和定期清查制度等；是否建立预算控制，强化预算约束；是否建立绩效考评控制，科学设置考核指标体系；是否建立信息系统控制制度，确保信息系统安全可靠；是否建立关联交易控制制度，防止利益让渡和虚假交易等；是否建立风险预警和突发事件应急控制，确保突发事件得到及时妥善处理等。

控制活动情况评审可参见示例 4-9：控制活动情况评审表。

【示例 4-9】控制活动情况评审表如表 4-6 所示。

表 4-6 控制活动情况评审表

被审计企业：		编制人：	日期：	索引号：
被审计企业主要领导人员：				
审计期间：		复核人：	日期：	页次：
内控要素	主要内容	评审情况		备注
控制活动	1. 是否对各项经营活动实施全过程控制，包括内部控制活动是否有助于单位党委（党组）、主要负责人的决策得以执行，是否能够满足风险管理要求；			
	2. 是否实施不相容职务分离控制，系统地分析、梳理业务流程中所涉及的不相容岗位和部门，形成各司其职、各负其责、相互制约的工作机制；			

续表

内控要素	主要内容	评审情况	备注
控制活动	3. 是否建立授权审批控制，明确各岗位办理业务和事项的权限范围、审批程序和相应责任；		
	4. 是否建立会计系统控制，明确会计凭证、会计账簿和财务会计报告的处理程序，保证会计资料真实完整；		
	5. 是否建立财产保护控制措施，包括建立财产日常管理制度和定期清查制度等；		
	6. 是否建立预算控制，强化预算约束；		
	7. 是否建立绩效考评控制，科学设置考核指标体系；		
	8. 是否建立信息系统控制制度，确保信息系统安全可靠；		
	9. 是否建立关联交易控制制度，防止利益让渡和虚假交易等；		
	10. 是否建立风险预警和突发事件应急控制，确保突发事件得到及时妥善处理等。		

审计说明：

审计结论：

4. 信息与沟通。审查和评价被审计企业是否建立信息与沟通制度，明确内部控制相关信息的收集、处理和传递程序，确保信息及时沟通；是否建立信息质量保证机制，准确提供单位管理和控制业务活动所需信息；是否建立内部控制相关信息在单位内部各管理级次、责任单位、业务环节之间，以及单位与外部有关方面之间进行沟通和反馈的机制；是否建立规范的信息披露制度，满足监管等部门和社会公众对信息的需求；是否建立反舞弊机制，以及举报投诉制度和举报人保护制度等。

信息与沟通情况评审可参见示例4-10：信息与沟通情况评审表。

【示例4-10】信息与沟通情况评审表如表4-7所示。

表4-7　　　　　　　　　　信息与沟通情况评审表

被审计企业：		编制人：	日期：	索引号：
被审计企业主要领导人员：				
审计期间：		复核人：	日期：	页次：
内控要素	主要内容	评审情况		备注
信息与沟通	1. 是否建立信息与沟通制度，明确内部控制相关信息的收集、处理和传递程序，确保信息及时沟通；			
	2. 是否建立信息质量保证机制，准确提供单位管理和控制业务活动所需信息；			
	3. 是否建立内部控制相关信息在单位内部各管理级次、责任单位、业务环节之间，以及单位与外部有关方面之间进行沟通和反馈的机制；			
	4. 是否建立规范的信息披露制度，满足监管等部门和社会公众对信息的需求；			
	5. 是否建立反舞弊机制，以及举报投诉制度和举报人保护制度等。			

审计说明：

审计结论：

5. 内部监督。审查和评价被审计企业是否建立健全内部监督制度，明确各相关部门或岗位在内部监督中的职责权限，规定内部监督的程序和要求，对内部控制建立与实施情况进行内部监督检查和自我评价；内部监督是否与内部控制的建立和实施保持相对独立；被审计企业内部审计部门或岗位是否定期或不定期检查单位内部管理制度和机制的建立与执行情况，以及内部控制关键岗位及人员的设置情况等,及时发现内部控制存在的问题并提出改进建议;被审计企业是否根据本单位实际情况确定内部监督检查的方法、范围和频率等。被审计企业是否指定专门部门或专人负责对单位内部控制的有效性进行评价并出具单位内部控制自我评价报告等。

内部监督情况评审可参见示例4-11:内部监督情况评审表。

【示例4-11】 内部监督情况评审表如表4-8所示。

表4-8　　　　　　　　　　　内部监督情况评审表

被审计企业:	编制人:	日期:	索引号:
被审计企业主要领导人员:			
审计期间:	复核人:	日期:	页次:

内控要素	主要内容	评审情况	备注
内部监督	1. 是否建立健全内部监督制度,明确各相关部门或岗位在内部监督中的职责权限,规定内部监督的程序和要求,对内部控制建立与实施情况进行内部监督检查和自我评价;		
	2. 内部监督是否与内部控制的建立和实施保持相对独立;		
	3. 被审计企业内部审计部门或岗位是否定期或不定期检查单位内部管理制度和机制的建立与执行情况,以及内部控制关键岗位及人员的设置情况等,及时发现内部控制存在的问题并提出改进建议;		
	4. 被审计企业是否根据本单位实际情况确定内部监督检查的方法、范围和频率等。		
	5. 被审计企业是否指定专门部门或专人负责对单位内部控制的有效性进行评价并出具单位内部控制自我评价报告等。		

审计说明:

审计结论:

(二) 审查和评价内部控制运行的有效性

注册会计师应重点关注在内部控制设计合理性的前提下，被审计企业内部控制能否按照设计的内部控制制度和程序正确执行，从而为内部控制目标的实现提供合理保证，包括对内部环境的实际运行情况，日常经营管理过程中的风险识别、风险分析、应对策略、相关控制措施的运行情况，信息收集、处理和传递的及时性，反舞弊机制的健全性，财务报告的真实性，信息系统的安全性，以及内部监督机制在内部控制运行中发挥监督作用等方面进行评价。

在审计实践中，注册会计师主要是通过执行穿行测试程序测试内部控制运行是否有效。穿行测试是通过追踪交易在财务报告信息系统中的处理过程，来证实注册会计师对控制的了解、评价控制设计的有效性以及确定控制是否得到执行。针对不同业务循环中的具体业务流程，注册会计师可以选择一笔或几笔交易进行穿行测试，以追踪交易从发生到最终被反映在报表中的整个处理过程，并考虑之前对相关控制的了解是否正确和完整，确定相关控制是否得到有效执行；可以通过询问执行业务流程和控制的相关人员，并根据需要检查有关单据和文件，询问其对已发现违规的处理等，评价相关控制设计是否合理和是否得到执行，以确定进一步审计程序。

内部控制运行有效性的底稿可参见示例 4-12：内部控制运行的有效性测试表。

【示例 4-12】内部控制运行的有效性测试表如表 4-9 所示。

表 4-9　　　　　　　　　内部控制运行的有效性测试表

被审计企业：	编制人：	编制日期：	索引号：
被审计企业主要领导人员：			
审计期间：	复核人：	复核日期：	页次：

续表

序号	业务名称	测试控制点	需检查文件	实际检查情况	文件号/凭证号	评价	
						设计合理	执行有效

审计说明：

审计结论：

　　值得注意的是，穿行测试与控制测试是有区别的。穿行测试是追踪交易在财务报告信息系统中的处理过程，注册会计师选取一笔或很少几笔交易了解其如何生成、记录、处理和报告，采用询问、观察、检查等方法以确定是否与之前了解的一样，以及是否得到执行，通常是针对交易循环进行。如注册会计师选取一笔有代表性的交易，按交易的流程采用询问、观察、检查的方法来追踪这笔交易如何生成、如何记录，在交易流程的相关内部控制中是如何控制这项交易的，从而判断内部控制是否和先前了解的一样。而控制测试是测试控制运行的有效性，控制运行有效性强调的是控制能够在各个不同的时点按照既定设计得以一贯执行。控制测试是为了确定被审计企业控制政策和程序的设计与执行是否完整与有效而实施的审计程序。注册会计师在了解被审计企业的内部控制之后，只有对那些准备依赖的内部控制执行控制测试，并确信其得到正确的执行时，才能减少实质性测试审计程序，从而减少审计取证工作，提高审计工作的效率。

四、获取审计证据

　　在获取审计证据的过程中，注册会计师通常会采取包括询问、检查、观察、函证、重新计算、重新执行以及分析程序在内的多种方法，这些方法可作为风险评估程序、控制测试或实质性程序使用。虽然询问能够提供关键的审计证据，有时甚至能揭示错报，但单独的询问往往不足以提供认定层次不存在重大错报和内部控制有效运行的充分证据。因此，注册会计师通常会将这些程序综合运用。当某项测试所提供的审计证据与已获取或计划获取的其他审计证据相结合后，能够充分满足审计目标时，该测试即被视为有效。在选择测试项目时，注册会计师需确保所用作审计证据的信息具有相关性和可靠性，并且在选取测试项目时，测试的有效性即充分性也应作为重点考虑因素。

针对国有企业主要领导人员的经济责任审计，因其综合性和全面性，以及与个人履职相关的特殊性，单一的审计技术方法难以达成审计目标。因此，必须综合运用各类常规审计方法，并采用更适合经济责任审计特点的取证和分析方法。在实践中，国有企业主要领导人员经济责任审计常采用调查访谈、查阅分析、重点核查、归纳提炼等方法，并结合信息化手段和大数据分析，以获取相关、可靠和充分的审计证据。通过加强跨行业、跨领域数据的综合比对和关联分析，旨在对被审计企业主要领导人员的履职情况进行全面客观的评价，并揭示问题、认定责任。注册会计师通过查阅相关数据资料、访谈相关人员、执行穿行测试等审计程序，充分利用信息技术方法，发现审计线索，获取审计证据，形成初步审计结论。在获取审计证据的过程中，必须持续关注相关行为和结果背后权力运行的轨迹，以及被审计企业主要领导人员在其中所扮演的角色和应承担的责任，以避免问题与责任的脱节。在审计过程中，一旦发现重大问题线索，应及时向委托方汇报，以便委托方考虑向党委（党组）或上级请示汇报。

（一）调查访谈

审计人员通过广泛走访和倾听，全面收集和了解单位内部各层级人员对被审计企业主要领导人员履职情况的综合评价，掌握履职特点、履职业绩、经营管理和个人廉洁从业方面的问题线索，是调查访谈的核心目的。

调查访谈可采取问卷调查、设立征求意见箱和举报电话、个别谈话和座谈会等多种方式。问卷调查能迅速、全面地掌握相关部门和各层级人员对被审计企业主要领导人员及其所在单位的意见，其结果易于量化，便于统计处理与分析。问卷设计应力求简明清晰、逻辑严密、篇幅适中，可结合封闭式题目和开放式题目。设立征求意见箱和举报电话，旨在发挥群众监督作用，掌握相关线索，便于后续深入核实。在设立征求意见箱和举报电话前，应向全体员工充分告知，确保意见箱摆放位置显眼，并为意见反馈人员和举报人员保密。

个别谈话和座谈会等访谈方式，能够与被访谈者进行深入和有针对性的交流，获取更全面的信息。访谈开始前，审计人员应明确访谈目的，拟定访谈提纲，并可根据访谈对象的层级、部门等特征进行分层分类座谈，制定差异化的访谈策略。例如：对领导班子成员进行访谈，应主要了解被审计企业主要领导人员在日常工作中与班子成员之间分工与配合情况，在重大决策过程中是否充分尊重和听取班子成员意见，是否存在"一言堂""独断专行"等情况，被审计企业主要领导人员对所在单位发展战略方向上的引领是否存在偏差，所在单位是否存在重大风险隐患等；对中层管理人员进行访谈，主要了解被审计企业主要领导人员在相关业务推进过程中方向是否清晰，被审计企业主要领导人员推进的相关工作举措是否符合业务实际，是否取得良好效果，在业务管理工作中是否存在潜在的风险隐患等；对一般业务人员进行访谈，主要了解员工对被审计企业主要领导人员以及领导班子的满意度，是否存在员工反响较大的问题，以及相关意见建议等。

访谈过程中，应注意方式方法，营造轻松氛围，认真倾听，不遗漏任何线索和疑点；要善于提问，通常情况下，间接提出问题更容易获取相关信息；应充分关注受访者的语调、面部表情、肢体语言等非语言行为传达的信息。访谈结束后，应及时整理访谈记录。在开展意见征集和访谈过程中，可向委托方或被审计企业纪检监察部门了解被审计企业主要领导人员有无重大问题举报和案件遗留问题，向组织人事部门了解是否存在其他需要引起注意的问题。对于各类调查访谈中获得的信息和线索，审计人员应结合专业判断和后续审计程序进行有效甄别和事实界定,形成客观公正的调查结论。

调查访谈底稿可参见示例4-13:廉洁自律情况调查表、示例4-14:遵守财经法规和廉洁规定情况调查问卷和示例4-15:审计谈话记录。

【示例4-13】廉洁自律情况调查表如表4-10所示。

表4-10　　　　×××同志任职期间廉洁自律情况调查表　　　金额单位:元

序号	项目	执行结果				
1	个人所得税代扣代缴情况	时间	实际收入金额	申报收入金额	应缴金额	实缴金额
2	用公款开支应由个人负担的费用情况	时间	内容			退还
3	在公务活动中接受礼金礼品情况	时间	内容		金额或数量	处理情况
4	出国考察费用报销情况	时间	批准出访国家名称	实际国家名称	批准出国天数	实际出国天数	支出费用	报销单位
5	办公用房及标准情况	地点	可以享受面积		实际居住面积	超标面积
6	工作用车情况	起止时间	品牌			排气量

续表

序号	项目	执行结果			
		项目	数量	出借单位	备注
7	应归还未归还公物情况				
8	其他情况				

审核人:　　　　　　　填表人:　　　　　　　填表日期:

【示例 4-14】 遵守财经法规和廉洁规定情况调查问卷如表 4-11 所示。

表 4-11　　×××同志遵守财经法规和廉洁规定情况调查问卷

企业名称(公章):

序号	调查事项	调查结果		具体事实
		有	无	
1	有无授意、指使、强令下属单位或人员违反国家财经法规的行为			
2	有无向下级单位或企业摊派的问题			
3	有无授意或直接决定从你单位借出资金、资产后难以收回,或提供担保造成损失的情况			
4	有无在你单位报销应由领导干部个人负担的餐饮、旅游、通讯费用及子女学费等情况			
5	有无在你单位报销出国考察等费用			
6	有无接受你单位的礼金、有价证券及股票等情况			
7	有无为领导提供交通工具或通讯工具			
8	有无为领导本人、配偶、子女及其亲属长期提供住房			
9	有无为领导干部配偶、子女及其他亲友经商办企业提供便利和优惠条件等问题			
10	有无用你单位公款为领导或亲属操办婚丧喜庆事宜			
11	有无在你单位及经济实体中兼职领取报酬,或从事有偿中介活动、经营活动			

续表

序号	调查事项	调查结果 有	调查结果 无	具体事实
12	有无用你单位公款包租或占用客房供个人使用			
13	有无用你单位公款为领导干部装修、购买个人住房			
14	有无用你单位公款为领导干部个人家庭配置微机等设备			
15	有无用你单位公款参与高消费娱乐活动和获取各种形式的俱乐部会员资格			

审核人：　　　　　填表人：　　　　　填表日期：　　年　月　日

注：此表由被审计企业主要领导人员所在企业的下属企业填写。

【示例4-15】审计谈话记录。

审计谈话记录

一、时间：20××年××月××日××××点

二、地点：×××××

三、谈话主题：×××同志经济责任履行情况

四、谈话对象：

五、参加人员：

×××

×××

六、谈话内容：

（一）×××党委和领导班子贯彻落实部党组决策部署情况。

（二）×××同志在重大经济事项决策方面履行责任情况。

（三）×××同志对单位内部风险防控方面的经济责任履行情况。

……

（二）查阅分析

审计分析工作涉及对被审计企业主要领导人员及其所在单位的经营管理相关文档资料进行详尽审查，通过对各类业务及管理数据的深入分析，

以核实并确认被审计企业主要领导人员的经营管理重点和履职业绩，从而确定存在的主要问题领域。

1. 审核资料

审核分析文档资料应涵盖但不限于以下内容：（1）相关内部规章制度；（2）战略规划；（3）工作计划；（4）工作报告；（5）会议纪要；（6）会计资料；（7）经济合同；（8）统计数据；（9）考核结果；（10）述职报告等与履行经济责任相关的资料。确保被审计企业主要领导人员贯彻执行党和国家重大经济方针政策、战略规划的制定和执行、重大经济事项决策、主要经营管理理念和措施等情况得到充分了解。

审计项目组应依据企业经营管理"四条线"进行全面分析，提炼审计资料。

（1）"履职线"资料应包括：企业组织架构、领导层成员分工及履历表、"三会"（党委会、董事会、总经理办公会）运行管理制度及会议纪要（记录）、企业任职内年度工作计划及总结、被审计企业主要领导人员履职报告等；

（2）"财务线"资料应包括：审计期间的年度审计报告、财务决算情况说明书、年度经营预算、各类考核指标及完成情况、国有资本经营收益上缴及使用情况等；

（3）"经营线"资料应包括：企业战略规划、产业板块划分及经营情况、主要产品及特点、产业所处行业相关信息等；

（4）"管控线"资料应包括：内部控制建设及运行情况、企业重要管理制度、所属企业考核指标制定及完成情况、审计工作主管人员建立及工作状况、内部审计报告及整改落实情况等。

2. 分析业务及管理数据

针对被审计企业的财务数据和经营数据，采用数理分析手段进行审计，旨在发现潜在问题、明确审计焦点，以控制审计风险并提升工作效率。此方法的核心在于识别异常波动或差异，从而有针对性地执行审计任务。分析业务及管理数据，不仅限于财务数据、业务数据和管理数据等可比指标。通过对当前指标与历史指标、计划指标与实际指标、自身指标与同行业指标以及存在逻辑关系的多个指标进行比较分析，可以从多角度了解被审计企业及其业务的发展状况，发现数据异常，识别潜在问题线索，确定后续核查的重点。在进行分析之前，审计人员必须执行适当的审计程序以验证数据的准确性。

常用的分析方法包括：

（1）比较分析法。通过将企业的财务经营数据与既定标准进行比较，以获取审计证据。这包括将企业本期的实际数据与计划数、预算数进行比较，以及与同行业平均水平或先进水平进行比较等。

（2）比率分析法。通过对企业财务比率进行分析，以获取审计证据。

（3）趋势分析法。计算企业在审计期间财务项目、经营事项的变动比例，分析变动的方向和幅度，以获取相关的审计证据。

（4）结构分析法。分析企业财务、经营事项在总体中的比重，并通过前期与本期、实际与预算的比较来获取审计证据。

（三）重点核查

重点核查是对与被审计企业主要领导人员履职相关的重点业务、项目等具体管理事项进行抽样核查或定向核查，以确定管理事项的真实性、合规性和效率性。被审计企业主要领导人员通常负责整个单位或某业务管理领域的全面工作，业务范围广、管理事项多，逐项核查或大比例抽样难以实现。实践中，需依据重要性和履职相关性原则，结合其他审计程序已识别的风险领域，进行有针对性的重点核查。

抽样核查主要针对被审计企业主要领导人员决策权限范围内的重大决策、重大项目安排、大额资金运作、重要人事任免等具体事项进行抽样，特别是被审计企业主要领导人员直接参与的重大事项。审计人员可根据专业判断确定具体抽样比例和抽样方式。定向核查主要针对其他审计程序已识别的或内外部检查已披露的风险事项进行延伸审计和核查。在具体事项核查过程中，除综合运用分析程序、检查、观察、函证、重新计算、重新执行等多种常规审计方法外,还应充分利用外部可用数据或公开信息对核查事项进行比较验证,确保更深入客观地揭示被审计企业主要领导人员履职存在的问题。在无法对跨界跨域数据进行全部审计的情况下,审计抽查强调要达到一定的覆盖率,防止以偏概全。

注册会计师选取核查项目的方法包括:选取全部项目(100%检查);选取特定项目;审计抽样。采用上述一种方法或几种方法的组合都可能是适当的,这取决于具体情况以及不同方法的实用性和效率。

1. 选取全部项目。注册会计师可能认为检查构成某类交易或账户余额的项目的总体(或总体中的一层)将是最恰当的。在下列情况下,100%检查可能是适当的:(1)总体由少量的大额项目构成;(2)存在特别风险且其他方法未提供充分、适当的审计证据;(3)由于信息系统自动执行的计算或其他程序具有重复性,对全部项目进行检查符合成本效益原则。对全部项目进行检查,通常更适用于细节测试。

2. 选取特定项目。根据对被审计企业的了解、评估的重大错报风险和所测试总体的特征等,注册会计师可能决定从总体中选取特定项目。选取特定项目的判断还取决于非抽样风险。选取的特定项目可能包括:(1)大额或关键项目。注册会计师可能决定在总体中选取特定项目,因为其金额重大或者显示某些其他特征(可疑的、异常的、尤其容易有风险的或者曾经出错的项目)。(2)超过某一金额的全部项目。注册会计师可能决定检查记录金额超过某一设定金额的所有项目,从而验证某类交易或账户余额的大部分金额。(3)被用于获取某些信息的项目。注册会计师可能通过检查某些项目以获取被审计企业的性质或交易的性质等事项的信息,虽然从某类交易或账户余额中选取特定项目进行检查通常是获取审计证据的有效手段,但并不构成审计抽样。对按照这种方法所选取的项目实施审计程序的结果,不能推断至整个总体。因此,选取特定项目的检查不能为总体中剩余的部分提供审计证据。

3. 审计抽样。注册会计师可对具有审计相关性的总体中低于百分之百的项目实施审计程序,使所有抽样单元都有被选取的机会,为针对整个总体得出结论提供合理基础。审计抽样旨在基于对样本的测试，从而形成对总体的结论。《中国注册会计师审计准则第 1314 号——审计抽样》及其应用指南指出，在设计审计样本时，注册会计师应当考虑审计程序的目的和抽样总体的特征。注册会计师应当确定足够的样本规模，以将抽样风险降至可接受的低水平。注册会计师应当对样本结果、使用审计抽样是否已为注册会计师针对所测试的总体得出的结论提供合理基础进行评价。

（四）归纳提炼

归纳提炼法作为一种审计技术，它涉及对与被审计企业主要领导人员及其所在单位相关的各类资料进行系统整理和总结。通过这种方法，审计人员可以直接应用整理出的信息，或者将其与其他审计程序相结合，以形成审计报告的素材和结论。采用这种方法的目的是提高审计工作的质量。对国有企业主要领导人员进行经济责任审计的过程中，应当充分利用日常的各类检查监督成果。通过整理、分析和提炼内外部专项检查及日常监测中发现的问题，可以充分发挥监督检查的协同效应，节约审计资源，提升审计效率，并确保经济责任审计能够全面且充分地反映问题。

鉴于经济责任审计是对主要领导人员履职情况的综合评价，审计人员在执行审计任务时，应具备将各类业务审计发现与主要领导人员个人履职情况相结合的能力。这要求审计人员不仅要有扎实的专业知识，还要有敏锐的洞察力和综合分析能力。审计人员应善于从各类文字资料和业务数据中，归纳提炼出被审计企业主要领导人员的主要履职工作思路、工作特色和工作成效。这不仅包括对主要领导人员直接工作成果的评估，还包括对其管理风格、决策过程和团队协作等方面的深入分析。最终，审计人员应形成对被审计企业主要领导人员客观的履职评价，这样的评价应当全面、公正，能够真实反映主要领导人员的工作表现和对单位的贡献。

第五章

进一步审计程序

在审计流程中，进一步审计程序连接了审计工作的初步业务活动与最终审计完成阶段，确保了审计过程的质量与有效性。这一程序对于注册会计师来说，是形成全面且精确审计意见的关键所在，进而为国有企业经济效益的提升和经济责任的履行提供坚实保障。依据《党政主要领导干部和国有企事业单位主要领导人员经济责任审计规定》，针对国有企业主要领导人员的经济责任审计，进一步审计程序应涵盖以下方面：贯彻执行党和国家经济方针政策、决策部署情况；企业发展战略规划的制定、执行及其成效；重大经济事项的决策、执行及其成效；企业法人治理结构的建立、完善及运作情况；内部控制制度的制定与执行情况；企业财务的真实、合法性及效益情况；风险管控情况；境外资产管理情况；生态环境保护情况；在经济活动中落实党风廉政建设责任及遵守廉洁从业规定的情况；以往审计中发现的问题整改情况以及其他需要审计的相关内容等。

一、贯彻执行党和国家经济方针政策、决策部署情况的审计

党和国家经济方针政策及决策部署（以下简称"重大政策措施"），主要涵盖国家重大战略、重大规划、重大宏观调控政策、重大改革任务、

重大项目等经济方针政策及决策部署，以及国家领导人对部门（系统、行业、企业）作出的重要批示指示等。重大政策措施不仅包括党中央、国务院出台的重大政策措施，也包括各级党委、政府以及主管部门为贯彻落实国家重大政策措施，结合各自领域工作实际出台的配套政策措施。

贯彻执行重大政策措施情况审计的目标在于，通过对被审计企业主要领导人员任职期间贯彻执行重大政策措施情况的审查和评价，揭示和反映与被审计企业主要领导人员相关的履职不到位、失职渎职等问题，促进领导干部积极、有效履职，防范由此带来的风险，推动重大政策措施在被审计企业落实到位。审计应特别关注是否存在被审计企业主要领导人员及其所在单位贯彻执行重大政策措施不坚决、不全面、不到位等情况。

针对上述审计目标和审计重点，注册会计师可以分别从贯彻执行重大政策措施的部署安排、落实和实施效果等方面实施以下程序：

（一）贯彻执行重大政策措施的部署安排情况

1. 审查被审计企业主要领导人员部署安排的及时性和务实性。重点审查被审计企业主要领导人员是否为其所在单位执行重大政策措施进行了部署和具体安排，是否组织制订了实施方案；相关部署和制订实施方案是否及时，内容是否具体务实，是否存在仅限于召开会议、下发文件等形式上的部署措施而缺乏实质性的落实举措的问题，是否存在不作为、慢作为、乱作为的情况。

2. 审查实施方案的遵循性、健全性和可行性。重点审查贯彻落实重大政策措施实施方案的内容是否符合国家经济方针政策和决策部署的要求，是否存在执行政策措施打折扣、做选择、搞变通的情况；实施方案是否明确了执行重大政策措施的时间表、路线图和阶段性目标；是否在结合单位实际制定出台执行重大政策措施的配套政策措施方面做出了具体工作安排，如包括专门制定或修改完善相关的发展规划、工作计划、规章制度，建立相应领导、管理和监督机制，提供资金、机构人员、场地和物资保障等；实施方案是否做到工作任务、措施方法、职责分配、质量要求具体明确，具体措施具有可操作性。

3. 审查实施方案制订是否经过适当的程序。重点审查为制订执行重大政策措施的实施方案是否充分开展了调查研究、充分进行了论证和广泛征求意见；是否采用了集体决策、审批控制或其他适当的决策程序，确保方案内容符合法律法规、上级决策部署和被审计企业发展实际。

具体底稿可参考示例5-1：贯彻执行重大政策措施的部署安排情况审核表及示例5-2：出台的各项措施和政策情况审核表。

【**示例5-1**】贯彻执行重大政策措施的部署安排情况审核表如表5-1所示。

表5-1　　　　贯彻执行重大政策措施的部署安排情况审核表

被审计企业：		编制人：	日期：	索引号：
被审计企业主要领导人员：				
审计期间：		复核人：	日期：	页次：
主要内容	重点关注	审核情况		备注
一、部署安排的及时性和务实性	1. 被审计企业主要领导人员是否为其所在单位贯彻执行重大政策措施进行了部署和具体安排，是否组织制订了实施方案；			
	2. 相关部署和制订实施方案是否及时，内容是否具体务实，是否存在召开会议、下发文件等形式上的部署措施多而实质性的落实举措少的问题，是否存在不作为、慢作为、乱作为的情况；			
	……			
二、实施方案的遵循性、健全性和可行性	1. 贯彻落实重大政策措施实施方案的内容是否符合党和国家经济方针政策和决策部署的要求，是否存在贯彻执行政策措施打折扣、做选择、搞变通的情况；			
	2. 实施方案是否明确了贯彻执行重大政策措施的时间表、路线图和阶段性目标；			

续表

主要内容	重点关注	审核情况	备注
二、实施方案的遵循性、健全性和可行性	3. 是否在结合单位实际制订出台贯彻执行重大政策措施的配套政策措施方面做出了具体工作安排，如包括专门制订或修改完善相关的发展规划、工作计划、规章制度；建立相应领导、管理和监督机制；提供资金、机构人员、场地和物资保障等；		
	4. 实施方案是否做到工作任务、措施方法、职责分配、质量要求具体明确，具体措施具有可操作性；		
	……		
三、实施方案制订是否经过适当的程序	1. 为制订贯彻执行重大政策措施的实施方案是否充分开展了调查研究、充分进行了论证和广泛征求意见；		
	2. 是否采用了集体决策、审批控制或其他适当的决策程序，确保方案内容符合法律法规、上级决策部署和被审计企业发展实际；		
	……		

审计说明：

审计结论：

【示例 5-2】 出台的各项措施和政策情况审核表如表 5-2 所示。

表 5-2　　　　　出台的各项措施和政策情况审核表

被审计企业：		编制人：	日期：	索引号：
被审计企业主要领导人员：				
审计期间：		复核人：	日期：	页次：

续表

序号	年度	措施政策名称	文号	相关法律渊源/上级政策	是否存在差异	备注
1						
2						
3						
4						
5						

审计说明：

审计结论：

（二）贯彻执行重大政策措施具体安排的落实情况

1. 审核实施情况。重点审查被审计企业是否严格执行了重大政策措施的实施方案，确保方案中的相关工作制度、机制和具体措施得到贯彻执行，责任是否明确并落实；是否存在方案实施过程中执行不力、选择性执行、变通执行等问题；是否存在仅限于口头表态而行动不足、落实效果差等形式主义、官僚主义现象，避免仅以是否及时召开会议、及时下发文件等表面措施来评价实施方案的执行情况。

2. 审核监督机制的建立。重点审查被审计企业是否建立了贯彻执行过程的评价分析机制，并结合执行目标和效果以及最新政策变化，及时有效地纠正措施中的偏差；是否建立并落实了监督检查机制，明确监督检查的责任、内容和频次要求，对具体措施的执行情况进行了有效的监督检查，并逐级汇报贯彻执行过程中遇到的问题及建议；是否建立了责任追究机制，对贯彻执行不力导致的不良影响的责任人进行了相应的追究。

具体底稿可参见示例5-3：贯彻执行重大政策措施具体安排的落实情况审核表及示例5-4：办理党和国家以及上级主管部门的批示和交办事项审核表。

【**示例 5-3**】贯彻执行重大政策措施具体安排的落实情况审核表如表 5-3 所示。

表 5-3　　　　贯彻执行重大政策措施具体安排的落实情况审核表

被审计企业：		编制人：	日期：	索引号：
被审计企业主要领导人员：				
审计期间：		复核人：	日期：	页次：
主要内容	重点关注	审核情况		备注
一、是否落实到位	1. 是否严格执行了重大政策措施的实施方案，确保方案中的相关工作制度、机制和具体措施得到贯彻执行，责任是否落实到位；			
	2. 是否存在方案落实过程中的打折扣、做选择、搞变通的现象；			
	3. 是否存在表态多、调门高、行动少、落实差等形式主义、官僚主义现象，避免简单依据是否及时召开会议、及时下发文件等形式上的措施评价实施方案落实情况；			
	……			
二、是否建立监督机制	1. 是否建立贯彻执行过程评价分析机制，并结合执行目标和效果及最新政策变化，及时有效地纠正有偏差的措施；			
	2. 是否建立并落实监督检查机制，明确监督检查责任、内容和频次要求，对具体措施执行情况实施了有效的监督检查，并逐级汇报贯彻执行过程中遇到的问题及建议；			
	3. 是否建立了责任追究机制，对贯彻执行不力造成不良影响的责任人追究到位；			
	……			

审计说明：

审计结论：

【示例 5-4】 办理党和国家以及上级主管部门的批示和交办事项审核表如表 5-4 所示。

表 5-4　　　办理党和国家以及上级主管部门的批示和交办事项审核表

被审计企业：			编制人：	日期：	索引号：
被审计企业主要领导人员：					
审计期间：			复核人：	日期：	页次：

序号	年度	上级交办任务	交办时间	任务期限	完成时间	备注
1						
2						
3						
4						
5						

审计说明：

审计结论：

（三）贯彻执行重大政策措施具体安排的实施效果

1. 重点审查实施重大政策措施的方案中所确定的工作任务、时间进度以及完成目标是否达到了既定的标准。

2. 重点审查在执行重大政策措施的过程中，被审计企业的工作是否符合党和国家出台的重大政策措施的预期目标；是否根据经济特点、自然环境等实际情况，创新性地开展工作，取得显著的政策落实效果；是否形成了可推广、可复制的推动经济社会发展进步的良好实践。

3. 重点审查重大政策措施的落实对被审计企业产生的影响，确保在不损害国家利益的前提下，维护被审计企业的长期发展利益，将某些政策措施落实可能带来的不利影响控制在可接受的范围内，力求实现国家利益与单位利益的双赢，促进被审计企业的可持续发展。

具体底稿可参见示例 5-5：贯彻执行重大政策措施具体安排的实施效

果审核表、示例 5-6：主体责任履行情况审核表及示例 5-7：有关经济方针、决策部署落实情况审核表。

【示例 5-5】 贯彻执行重大政策措施具体安排的实施效果审核表如表 5-5 所示。

表 5-5　　　　贯彻执行重大政策措施具体安排的实施效果审核表

被审计企业：		编制人：	日期：	索引号：
被审计企业主要领导人员：				
审计期间：		复核人：	日期：	页次：
主要内容	重点关注	审核情况		备注
一、是否达到了既定的标准	贯彻执行重大政策措施实施方案确定的工作任务、时间进度、完成目标等是否达到了既定的标准。 ……			
二、是否取得了良好效果	1. 通过贯彻执行重大政策措施的实施方案，被审计企业的工作是否符合党和国家出台重大政策措施的预期； 2. 是否结合经济特点、自然环境等情况创新性地开展工作，取得良好的政策落实效果； 3. 是否形成可推广、可复制的推动经济社会发展进步的良好实践； ……			
三、是否可持续发展	重大政策措施落实对被审计企业的影响，是否做到在不损害国家利益的前提下，维护被审计企业的长远发展利益，确保某些政策措施落实给单位带来的不利影响控制在可接受的范围内，力争实现国家利益与单位利益的双赢，推动被审计企业的可持续发展。 ……			

审计说明：

审计结论：

【示例 5-6】 主体责任履行情况审核表如表 5-6 所示。

表 5-6　　　　　　　　　主体责任履行情况审核表

被审计企业：			编制人：	日期：	索引号：
被审计企业主要领导人员：					
审计期间：			复核人：	日期：	页次：

序号	年度	主体责任内容	细化情况——阶段性目标	细化情况——完成时间表	是否履行	备注
1						
2						
3						
4						
5						

审计说明：

审计结论：

【示例 5-7】 有关经济方针、决策部署落实情况审核表如表 5-7 所示。

表 5-7　　　　　　　有关经济方针、决策部署落实情况审核表

被审计企业：			编制人：	日期：	索引号：
被审计企业主要领导人员：					
审计期间：			复核人：	日期：	页次：

序号	年度	上级经济相关方针政策	被审计企业落实情况	政策执行效果	是否落实	备注
1						
2						
3						
4						
5						

审计说明：

审计结论：

二、企业发展战略规划的制定、执行和实施效果情况审计

企业发展战略规划的制定与执行情况审计,主要是通过检查被审计企业主要领导人员任职期间所在单位发展战略规划的制定、执行和实施效果,评价其在符合国家规划、产业政策和上级单位发展战略规划要求的前提下,制定战略规划、分解落实阶段性任务、采取有效措施以确保完成目标任务等方面的履职情况。

(一) 发展战略规划制定情况

1. 对战略规划制定程序进行审核。重点审查被审计企业主要领导人员在战略规划制定过程中是否进行了充分的调查研究、科学的分析预测以及广泛地征求了意见,确保遵循了民主讨论和集体决策等程序。

2. 审核战略规划是否符合国家战略规划、产业政策等要求,是否与上级单位(部门、系统、行业、企业)制定的战略规划目标保持一致,是否综合考虑了宏观经济、政治、社会、生态政策、国内外市场需求变化、技术发展趋势、行业及竞争对手状况、可利用资源水平以及自身优势与劣势等影响因素。

3. 审核战略规划是否明确了发展的阶段性和发展程度,各发展阶段的具体目标、工作任务和实施职责是否清晰。在外部环境发生变化时,是否及时对战略规划进行了调整和更新。

具体底稿可参见示例 5-8:发展战略规划制定情况审核表。

【示例 5-8】发展战略规划制定情况审核表如表 5-8 所示。

表 5-8　　　　　　　　发展战略规划制定情况审核表

被审计企业:			
被审计企业主要领导人员:	编制人:	日期:	索引号:
审计期间:	复核人:	日期:	页次:

续表

主要内容	重点关注	审核情况	备注
发展战略规划制定情况	1. 战略规划制定是否开展了充分调查研究、科学分析预测和广泛征求意见，遵循了民主讨论和集体决策等程序；		
	2. 战略规划是否符合国家战略规划、产业政策等要求，是否与上级单位（部门、系统、行业、企业）制定的战略规划目标一致，是否综合考虑了宏观经济、政治、社会、生态政策、国内外市场需求变化、技术发展趋势、行业及竞争对手状况、可利用资源水平和自身优势与劣势等影响因素；		
	3. 战略规划是否明确了发展的阶段性和发展程度，各发展阶段的具体目标、工作任务和实施职责是否清晰。在外部环境发生变化时，是否及时对战略规划进行了调整和更新；		
	……		

审计说明：

审计结论：

（二）发展战略规划执行情况

1. 审查是否通过发布规章制度、制订年度工作计划、编制全面预算等手段推进规划实施，确保上级单位（部门、系统、行业、企业）及被审计企业制定的战略规划得到有效执行。

2. 审查是否严格遵循各项规划，是否存在擅自调整战略规划等情形，对于战略规划确实需要调整的，是否依照既定权限和程序进行调整。

3. 审查是否建立督办机制，通过逐级开展督查和考评，定期进行监控和报告,推进目标责任制的实现;针对目标责任制执行不力的实际情况,是否进行原因分析,持续改进,并追究责任。

具体底稿可参见示例 5-9:发展战略规划执行情况审核表及示例 5-10:重要发展规划、政策措施制定完成情况审核表。

【示例 5-9】发展战略规划执行情况审核表如表 5-9 所示。

表 5-9 发展战略规划执行情况审核表

被审计企业:		编制人:	日期:	索引号:
被审计企业主要领导人员:				
审计期间:		复核人:	日期:	页次:
主要内容	重点关注	审核情况		备注
发展战略规划执行情况	1. 是否通过发布规章制度、制订年度工作计划、编制全面预算等方式推进规划落地,确保上级单位(部门、系统、行业、企业)及被审计企业制定的战略规划有效实施;			
	2. 是否严格执行各项规划,是否存在随意调整战略规划等情形。对战略规划确需作出调整的,是否按照规定权限和程序调整;			
	3. 是否建立督办机制,通过逐级开展督查和考评,定期开展监控和报告,推进目标责任制的完成,针对目标责任制落实不力的实际情况,是否进行原因分析,持续改进,并追究责任;			
	……			

审计说明:

审计结论:

【示例 5-10】 重要发展规划、政策措施制定完成情况审核表如表 5-10 所示。

表 5-10　　　　重要发展规划、政策措施制定完成情况审核表

被审计企业：			编制人：	日期：	索引号：
被审计企业主要领导人员：					
审计期间：			复核人：	日期：	页次：

序号	年度	规划措施政策名称	文号	是否符合相关要求	是否实现目标	备注
1						
2						
3						
4						
5						

审计说明：

审计结论：

(三) 发展战略规划的实施效果

1. 审核被审计企业主要领导人员任职期间战略规划的阶段性目标任务是否按期保质完成，是否达到预期效果，实现预期目标。

2. 审核是否存在因不符合国家规划及产业政策调整方向，或监督失职导致规划执行不到位，造成重大资金或资产（资源）闲置或损失浪费、侵占或损害群众利益、破坏生态环境以及损害公共利益等严重后果的情况。

具体底稿编制可参见示例 5-11：发展战略规划实施效果审核表、示例 5-12："十×五"任务完成情况审核表，以及示例 5-13：目标责任制完成情况审核表。

【示例 5-11】 发展战略规划实施效果审核表如表 5-11 所示。

表 5-11 发展战略规划实施效果审核表

被审计企业：		编制人：	日期：	索引号：
被审计企业主要领导人员：				
审计期间：		复核人：	日期：	页次：
主要内容	重点关注	审核情况		备注
发展战略规划的实施效果	1. 被审计企业主要领导人员任职期间战略规划的阶段性目标任务是否按期保质完成，是否达到预期效果，实现预期目标；			
	2. 是否存在因不符合国家规划及产业政策调整方向，或监督失职导致规划执行不到位，造成重大资金或资产（资源）闲置或损失浪费、侵占或损害群众利益、破坏生态环境以及损害公共利益等严重后果的情况；			
	……			
审计说明：				
审计结论：				

【示例 5-12】 "十×五"任务完成情况审核表如表 5-12 所示。

表 5-12 "十×五"任务完成情况审核表

被审计企业：			编制人：	日期：	索引号：
被审计企业主要领导人员：					
审计期间：			复核人：	日期：	页次：
序号	年度	规划中任务名称	任务具体内容	完成情况	取得效果	备注
1						
2						
3						
4						
5						
审计说明：						
审计结论：						

【示例 5 – 13】 目标责任制完成情况审核表如表 5 – 13 所示。

表 5 – 13　　　　　　　　目标责任制完成情况审核表

被审计企业：			编制人：	日期：	索引号：
被审计企业主要领导人员：					
审计期间：			复核人：	日期：	页次：
序号	年度	目标责任制任务名称 （折子工程/办实事项目）	任务具体内容	完成情况	取得效果	备注
1						
2						
3						
4						
5						

审计说明：

审计结论：

三、重大经济事项的决策、执行和实施效果情况审计

重大经济事项决策及执行情况审计主要围绕事关发展方向及全局等性质重要、涉及数量重大或支出超过一定金额起点（结合单位性质、规模确定）的项目和相关重大事项，对被审计企业主要领导人员贯彻执行重大经济事项决策制度和执行效果情况开展审查评价。具体包括重大预算管理、重大基本建设、重大采购项目、重大投资项目（包含境外投资）、重大资产处置、大额资金使用的决策和执行情况等①。

（一）重大经济事项决策管理情况

1. 审核重大经济事项决策制度建立健全情况。重点关注被审计企业是

---

① 1996 年第十四届中央纪委第六次全会公报中对党员领导干部在政治纪律方面提出要求，"三重一大"即"重大事项决策、重要干部任免、重要项目安排、大额资金的使用"，必须经集体讨论作出决定。

否建立健全了重大经济事项决策制度,包括预决算管理、基本建设、大额对外投资、大额物资采购、大额资产处置、大额资金使用、监督检查和责任追究等;是否对重大经济事项的决策程序、范围、权限和标准作出明确规定;制定的经济决策制度是否符合国家法律法规、产业政策等要求,是否符合单位内部管理制度等要求,是否存在超过其风险容忍度的重大风险。

2. 审核重大经济事项决策制度执行情况。重点关注被审计企业主要领导人员是否严格执行单位决策程序等规章制度,决策事项是否经过充分论证,决策内容是否合规合法,决策程序和权限是否合规,是否存在决策程序不明确、权限不清晰、重大经济事项未纳入决策范围等问题;对执行过程、进度的监管、评价和纠偏措施是否有效;被审计企业主要领导人员有无违反集体决策原则、违反相关规定直接插手、干预重大经济事项的执行等问题。

3. 审核重大经济事项决策执行效果。重点关注被审计企业重大经济事项决策事项是否按期完成,是否实现预期目标,包括数量、质量、成本、功能、效益等各项目标或任务;是否因决策不当或失误造成损失浪费、环境破坏、风险隐患等;是否建立健全决策失误纠错机制和责任追究制度等。

审计实践中,可通过梳理形成被审计企业主要领导人员任职期间重大经济决策事项清单等方式,确保重点突出、指向清晰、任务落实。重大经济事项决策效果一般会通过一些资料或事项来体现,通过对与之关联的资料和事项进行审计,可以判断决策是否合规合法,是否达到了预期目的。具体包括:

(1)通过对被审计企业发文登记簿的审核,收集被审计企业出台的与审计相关文件,收集审计需要的会议记录纪要、工作总结、单位制订的议事规则、议事规程、工作规则及相关制度等其他文书资料。通过对这些资料的审计,梳理出制定的规章制度和相关年度的重大经济决策事项,看重大事项的决策过程,核查决策内容、决策程序是否合规,决策事项是否经过充分论证,是否存在未经集体决策、决策程序不规范、应决策而久拖不决等问题,来印证重大经济决策机制体制建立和执行效果情况,以及决策监督检查制度是否发挥作用。

(2) 通过对财务资料的审计，关注重大经济决策事项运作全过程，查看其运行状况、执行效果及资金筹集、管理、使用和绩效情况，看是否存在因决策失误造成国有资产（资金、资源）严重闲置或损失浪费问题，从项目资金的效率、效益和效果来证明重大经济决策事项的科学性和正确性。

(3) 查看项目资料，掌握决策上马的项目全貌，看是否符合国家宏观调控政策，是否属于禁止类和限制类项目，是否属于低水平重复建设领域，是否采用了落后和淘汰的生产工艺和技术装备；通过现场调查，审核项目进展情况，看是否按规划、按计划推进项目建设，看工作开展绩效是否达到预期，是否存在盲目决策、决策不当、决策失误等造成损失浪费、环境破坏、风险隐患等情况。

具体底稿编制可参见示例 5-14：重大经济事项决策管理情况审核表及示例 5-15：重大经济事项决策民主决策会议情况审核表。

【示例 5-14】重大经济事项决策管理情况审核表如表 5-14 所示。

表 5-14　　　　　　重大经济事项决策管理情况审核表

被审计企业：		编制人：	日期：	索引号：
被审计企业主要领导人员：				
审计期间：		复核人：	日期：	页次：
主要内容	重点关注	审核情况		备注
一、重大经济决策制度建立健全情况	1. 被审计企业是否建立健全了重大经济事项决策制度，包括预决算管理、基本建设、大额对外投资、大额物资采购、大额资产处置、大额资金使用、监督检查和责任追究等；			
	2. 是否对重大经济事项的决策程序、范围、权限和标准作出明确规定；			
	3. 制定的经济决策制度是否符合国家法律法规、产业政策等要求，是否符合单位内部管理制度等要求，是否存在超过其风险容忍度的重大风险；			
	……			

续表

主要内容	重点关注	审核情况	备注
二、重大经济事项决策制度执行情况	1. 被审计企业主要领导人员是否严格执行单位决策程序等规章制度，决策事项是否经过充分论证，决策内容是否合规合法，决策程序和权限是否合规，是否存在决策程序不明确、权限不清晰、重大经济事项未纳入决策范围等问题；		
	2. 对执行过程、进度的监管、评价和纠偏措施是否有效；		
	3. 被审计企业主要领导人员有无违反集体决策原则、违反相关规定直接插手、干预重大经济事项的执行等问题；		
	……		
三、重大经济事项决策执行效果	1. 被审计企业重大经济决策事项是否按期完成，是否实现预期目标，包括数量、质量、成本、功能、效益等各项目标或任务；		
	2. 是否因决策不当或失误造成损失浪费、环境破坏、风险隐患等；		
	3. 是否建立健全决策失误纠错机制和责任追究制度等；		
	……		

审计说明：

审计结论：

【示例 5-15】 重大经济事项决策民主决策会议情况审核表如表 5-15 所示。

表 5-15 重大经济事项决策民主决策会议情况审核表

被审计企业：			编制人：	日期：		索引号：
被审计企业主要领导人员：						
审计期间：			复核人：	日期：		页次：
序号	年度	需上领导办公会讨论会议类别	需上会讨论经济事项数量	实际上会数量	未上会数量	备注
1						
2						
3						
4						
5						

审计说明：

审计结论：

（二）重大预算管理决策和执行情况

针对国有企业主要领导人员的经济责任审计，应重点审查重大预算管理决策机制的完善性，预算编制的科学性，以及是否存在未编制预算或程序违规，导致预算缺乏刚性、执行不力等问题；审查是否建立了预算管理相关制度，预算是否得到有效执行，是否按照既定时间进度完成目标，是否存在预算目标设置不合理，从而导致资源浪费或阻碍战略目标实现的情况；同时关注在环境发生重大变化时，是否及时采取措施进行调整，以及调整程序是否符合规定。

具体底稿编制可参见示例 5-16：重大预算管理决策和执行情况审核表和示例 5-17：国有资本经营预算资金管理情况审核表。

【示例 5-16】 重大预算管理决策和执行情况审核表如表 5-16 所示。

表 5-16　　　　　　　重大预算管理决策和执行情况审核表

被审计企业：		编制人：	日期：	索引号：
被审计企业主要领导人员：				
审计期间：		复核人：	日期：	页次：
主要内容	重点关注	审核情况		备注
重大预算管理决策和执行	1. 重大预算管理决策机制是否健全，预算编制是否科学，是否存在不编制预算或程序不合规，导致预算缺乏刚性、执行不力等情况；			
	2. 是否制定了预算管理的相关制度，预算是否得到有效执行，是否按时间进度完成目标，是否存在预算目标不合理，导致资源浪费或发展战略难以实现的情况；			
	3. 在环境发生重大变化时，是否及时采取措施调整，调整程序是否合规等；			
	……			
审计说明：				
审计结论：				

【示例 5-17】 国有资本经营预算资金管理情况审核表如表 5-17 所示。

表 5-17　　　　　　　国有资本经营预算资金管理情况审核表

被审计企业：		编制人：	日期：	索引号：
被审计企业主要领导人员：				
审计期间：		复核人：	日期：	页次：
主要内容	重点关注	审核情况		备注
预算资金内部控制	1. 企业是否建立预算资金管理制度，包括项目决策、上报申请、会计政策、内部审计、预算决算等；			

续表

主要内容	重点关注	审核情况	备注
预算资金内部控制	2. 预算资金管理是否纳入企业内部控制管理体系，是否建立资金使用与管理规范，预算执行及绩效目标落实情况是否完整；		
	3. 企业是否开展预算资金管理内部培训，相关领导人员是否树立严格财政资金管理意识。		
国有资本经营预算资金审核	1. 检查各级企业预算资金收支情况，复核企业国有资本经营决算报告和报表，统计预算资金收支情况，分析资金结余，区分仍需继续使用资金和需要上缴资金；		
	2. 查阅相关资金使用决策文件和记录，了解企业对国有资本经营预算资金使用的决策流程；检查预算资金拨入银行账户对账单，结合会计账簿记账凭证，检查资金收支；		
	3. 检查企业是否按照申报的用途使用资金，有无资金滞留、截留、挪用问题，资本性支出是否符合投资方向；费用性支出，应重点检查是否存在挪用问题；		
	4. 资本性预算资金应当查看投资协议、投资可行性报告、投资资金使用安排等文件，了解投资资金的时间、使用方向、回报约定等内容；工程建设项目，检查工程招投标、合同签订、合同付款、结算、决算等重点环节；		
	5. 检查预算资金使用效果，重点产业项目和股权投资应当关注收入增长率、利润增长率、新增利税金额、净资产收益率、国有资本保值增值率、投资回报率等指标；科技创新项目应当关注新技术的产业影响力，分析新产品带来的收入、利润、就业变化等； ……		

审计说明：

审计结论：

（三）重大基本建设决策和执行情况

基础建设审计是对基础建设领域的经济行为、会计资料、投资的经济效益和社会效益以及投资管理活动进行的审核与稽查。基础建设审计的内容，依据基础建设程序进行划分，涵盖了从基础建设可行性研究审计、计划任务书审计、基础建设勘察设计审计、基础建设预算审计、基础建设划审计、基础建设资金筹措及使用审计、施工生产审计、投资效益审计，到基础建设财务决算与竣工决算审计等多个方面。对于国有企业而言，通常包括基建工程和修缮工程（涵盖房屋、建筑物的新建、扩建、改建、维护、装饰、安装、道路、绿化、运动场地、通信及网络等工程）项目，从投资立项至竣工决算的各个阶段，对其经济管理的真实性、合法性、效益性进行审查和评价。

针对国有企业主要领导人员的经济责任审计，应着重审查重大基础设施建设项目决策的前期管理是否充分，是否有经过批准的基础设施建设计划，是否已获得相关土地、环保等部门的批准文件，以及立项论证和可行性研究是否科学合理，是否存在项目论证与实际情况脱节、擅自更改设计等问题；决策流程是否完整，是否存在因简化决策流程、领导干部滥用职权导致重大损失的情况；是否通过"化整为零"等手段规避审批和招标程序，招标过程是否合法合规，以及是否存在企业主要领导人员干预招标的情况；承建单位是否具备必要的资质和能力，是否存在违法转包、分包现象；项目建设质量是否达标，工程进度及其调整是否科学合理，是否按照规定编制竣工决算，是否存在建设项目长期未完成竣工决算等问题；项目建设和运行效果是否达到预定目标，是否存在重复建设、违规建设楼堂馆所等情况。

具体底稿编制可参见示例5-18：重大基本建设决策和执行情况审核表、示例5-19：重大基建项目管理情况审核表和示例5-20：××××工程项目审核表。

【示例5-18】 重大基本建设决策和执行情况审核表如表 5-18 所示。

表 5-18　　　　　　　　重大基本建设决策和执行情况审核表

被审计企业：				
被审计企业主要领导人员：		编制人：	日期：	索引号：
审计期间：		复核人：	日期：	页次：
主要内容	重点关注	审核情况		备注
重大基本建设决策和执行	1. 重大基本建设决策事项前期管理工作是否扎实，是否具备经批准的基本建设计划，是否取得相关土地、环保等部门的批文，立项论证和可行性研究等工作是否科学合理，有无项目论证脱离实际、擅自变更设计等情况；			
	2. 决策程序是否健全，有无因简化决策程序、领导干部滥用职权造成重大损失的情况；			
	3. 是否存在以"化整为零"等方式规避审批和招标等现象，招标过程是否合法合规，是否存在领导干部干预的行为；			
	4. 承建单位是否具备必要资质和能力，有无违法转包、分包现象；			
	5. 项目建设质量是否合格，工程进度及其调整是否科学合理，是否按规定编报竣工决算，是否存在建设项目长期未进行竣工决算等问题；			
	6. 项目建设和运行效果是否实现预定目标，有无重复建设、违规建设楼堂馆所等情况；			
	……			

审计说明：

审计结论：

【示例 5-19】 重大基建项目管理情况审核表如表 5-19 所示。

表 5-19 重大基建项目管理情况审核表

被审计企业：				
被审计企业主要领导人员：	编制人：	日期：	索引号：	
审计期间：	复核人：	日期：	页次：	

序号	审查内容	项目1	项目2	项目3	…
1	基建项目名称				
2	项目投资金额（万元）				
3	是否经过充分可行性研究				
4	是否经过集体会议讨论进行科学民主决策				
5	是否存在不招标、为规避公开招投标将建设工程"化整为零"或围标串标情况				
6	是否存在不履行或者不正确履行建设工程项目管理职责情况				
7	是否存在施工单位转包或违法分包工程的情况				
8	是否存在领导干部干预或者插手建设工程，进行利益输送情况				
9	是否存在未批先建、先开工后立项、未落实合规资金来源即开工、要求施工单位带资承包、"打白条"等新增拖欠账款的情况				
10	是否存在挪用、转移、侵占、出借建设资金问题				
11	是否存在未按合同约定提前支付工程款情况				
12	其他问题				

审计说明：

审计结论：

【示例5-20】 ××××工程项目审核表如表5-20所示。

表5-20　　　　　　　　　××××工程项目审核表

被审计企业：		编制人：	日期：	索引号：
被审计企业主要领导人员：				
审计期间：		复核人：	日期：	页次：
主要内容	重点关注	审核情况		备注
工程项目的内部控制检查	1. 检查企业工程管理基本制度建立情况。检查工程项目投标、招标制度制定情况；检查工程项目成本确定、目标考核、财务核算制度制定情况；检查工程项目材料采购、分包制度制定情况等；			
	2. 检查工程项目决策控制。通过查阅董事会、总经理办公会会议材料和企业工作总结，了解、掌握工程项目建设情况；与相关人员进行访谈，了解工程项目建设的目的、必要性和依据；检查企业工程项目是否符合产业发展规划，是否建立立项建议、审批、执行、监督的管理模式；检查工程项目的前期调研是否科学、严谨；			
	3. 检查工程项目执行控制。通过查阅工程项目的施工、招标、监理等资料，检查企业是否建立了工程项目招标、评标、定标和签订合同的控制程序；			
	4. 检查工程项目财务控制。通过与工程项目管理部门、财务部门访谈，了解企业工程项目财务核算管理情况；			
	5. 检查工程项目监督控制。检查企业是否在监理机构以外设置独立于工程项目的专门监督机构，是否建立完整、可靠的工程项目内部监督机制，是否开展工程预算、决算审计。			

续表

主要内容	重点关注	审核情况	备注
工程项目审核	1. 工程项目立项审计。审查企业工程项目立项是否符合自身发展规划要求；是否报告集团公司并得到批准；是否进行审慎调研、具备可行方案，有无盲目建设的问题；		
	2. 工程项目决策审计。查阅董事会、总经理办公会会议材料，审查工程项目是否经过集体决策程序，会议中有无不同意见，主要领导人员对待工程项目的态度；是否存在领导人员滥用决策权、审批权，违规干预工程建设项目招标投标问题；		
	3. 工程项目执行审计。审查工程项目是否经过招投标程序，核对监理记录，抽查工程项目施工质量。包括：（1）审查工程项目分项目投资金额超过 200 万元的，企业是否采用招标方式，有无以邀标代替招标、招投标程序不规范等问题；（2）审查工程项目实施中，施工方、供应商有无分包、转包等问题；（3）审查工程项目施工质量是否符合国家标准，有无不当施工、偷工减料等问题；		
	4. 工程项目招投标审计。审查工程项目招投标过程，审阅全部招投标材料。（1）审查是否存在企业或中介机构把应当招标项目化整为零规避招标，将应当公开招标项目改为邀请招标，在招标文件中设置不合理条款限制或排斥潜在投标人，帮助特定投标人中标等问题；（2）审查是否存在企业负责招标人员向特定投标人泄露标底、技术指标参数等保密事项，擅自改变招标条件或定标办法等问题；（3）审查是否存在企业评标专		

续表

主要内容	重点关注	审核情况	备注
	家组成不规范、人员配置不合规,评标专家在评标中为特定投标人打高分或压低其他投标人的评分等问题;(4)审查是否存在企业协助投标人采取"投标联盟""有偿陪标""轮流坐庄"等方式串通投标,投标人挂靠多家企业、借用他人资质围标串标等问题;		
工程项目审核	5. 工程项目财务审计。审查企业工程项目财务核算是否正确,核算岗位设置是否符合不相容职务分离原则,资金支付是否符合协议约定。(1)审查企业未付款的施工、材料采购事项是否估价入账,有无成本不实、存在账外应付款问题;(2)审查企业工程项目成本是否与企业生产经营成本费用分开,有无乱挤乱摊项目成本问题;(3)企业工程项目如设有专门账户,应当单独审查;(4)审查企业工程预付款是否合理,是否存在超标准、超范围支付预付款问题,洽商变更是否签字、检验齐全,确认价格是否合规;(5)审查在建工程结转固定资产时,结合实物资产审计进行,有无成本结转不实,有无直接核销费用等问题;		
	6. 工程项目竣工审计。审查工程项目竣工、投入使用后,企业是否估计入账,有无借口未办理竣工、不转资产、不计提折旧问题;计算应当计算折旧额,并预计对企业效益的影响。查阅竣工决算报告、工程造价报告,审查企业是否按照报告要求结转工程成本,有无多转、少转成本,有无工程款项结算不合理、多付审减成本等问题。		

续表

主要内容	重点关注	审核情况	备注
工程项目审核	7. 工程项目成效审计。应当根据工程实际情况，对比立项资料，对工程项目进度、资金占用、经济效益进行全方位分析，判断是否给企业今后生产经营带来不利影响，是否存在重大诉讼或经营风险；		
	……		

审计说明：

审计结论：

（四）重大采购项目决策和执行情况

采购项目审计涉及对采购流程的全面审查，该流程从采购规划阶段直至合同管理阶段。针对国有企业主要领导人员的经济责任审计，审计工作主要集中于评估被审计企业是否依照《中华人民共和国招标投标法》及其他相关法律法规建立了大额采购的管理制度。审计将检查重大采购项目是否遵循了既定的决策程序，是否按照规定进行了招标并签订了合同。关注是否存在串通投标、虚假招投标、中标价格与实际采购价格差异过大、重大安全事故或因质量问题导致的损失以及中标单位或供货单位存在异常行为的项目。此外，审计还将审查未纳入年度采购计划而进行的临时采购的重大项目情况。

具体底稿编制可参见示例 5 - 21：重大采购项目决策和执行情况审核表及示例 5 - 22：重大采购项目审核表。

【示例 5 - 21】重大采购项目决策和执行情况审核表如表 5 - 21 所示。

表 5 - 21　　　　　　重大采购项目决策和执行情况审核表

被审计企业：		编制人：	日期：	索引号：
被审计企业主要领导人员：				
审计期间：		复核人：	日期：	页次：

续表

主要内容	重点关注	审核情况	备注
重大采购项目决策和执行	1. 被审计企业是否依据《中华人民共和国招标投标法》等相关法律法规制定大额采购管理制度，重大采购项目是否履行了规定的决策程序，是否按规定招标并订立合同；		
	2. 是否存在围标、内外串通虚假招投标、中标价格与实际采购价格相差悬殊、出现重大安全事故或因质量问题遭受损失、中标单位或供货单位存在异常的项目；		
	3. 是否存在未列入年度采购计划进行临时采购的重大项目等情况；		
	……		

审计说明：

审计结论：

【示例 5-22】重大采购项目审核表如表 5-22 所示。

表 5-22　　　　　　　　重大采购项目审核表

被审计企业：					
被审计企业主要领导人员：		编制人：	日期：	索引号：	
审计期间：		复核人：	日期：	页次：	
序号	年度	应进行政采或招投标项目	是否进行政采或招投标	是否按合同执行	有无提前付款	备注
1						
2						
3						
4						
5						

审计说明：

审计结论：

(五) 重大投资项目决策和执行情况

政府重大投资项目涉及巨额财政支出，资源消耗巨大，与国家经济及民众生活紧密相关，因此受到了社会各界的高度关注。这些项目的合规性与效率直接影响经济发展的速度、规模、质量和效益，以及经济的健康快速发展。项目的合规性、资金的高效使用，以及建设项目的顺利实施，对于中央宏观调控政策的成效、经济发展模式的转变、经济社会的可持续发展，以及反腐倡廉建设具有决定性意义。政府投资项目审计的重点包括：基本建设程序的履行情况，投资控制与资金管理使用情况，项目建设管理情况，相关政策措施的执行与规划实施情况，工程质量情况，设备、物资和材料采购情况，土地利用与征地拆迁情况，环境保护情况，工程造价情况，投资绩效情况等。审计工作将关注项目决策程序的合规性，是否存在因决策失误或重复建设导致的重大损失和浪费问题，并注重揭示和查处工程建设领域的重大违法违规问题及经济犯罪线索，以促进反腐倡廉建设。同时，审计还将关注投资管理体制、机制和制度方面存在的问题。

针对国有企业主要领导人员的经济责任审计，应重点审查决策过程的科学性和民主性，重大投资项目是否符合国家产业政策，是否围绕企业主营业务进行布局，投资结构是否合理。审计将评估可行性研究的充分性和准确性，资金筹措等技术方案的经济合理性，以及经济效益分析的准确性。此外，审计还将关注项目执行的合法性与合规性，是否严格遵循重大投资项目决策文件执行，是否存在决策未执行或未完全执行的问题，以及项目执行过程中是否进行了必要的内部监督。最终，审计将评估项目执行效果是否达到项目目标，是否存在投资决策失误，导致盲目扩张、资金链断裂或资金使用效益低下等严重后果的情况。

具体底稿编制可参见示例 5-23：重大投资项目决策和执行情况审核表及示例 5-24：重大投资项目审核表。

【示例 5-23】 重大投资项目决策和执行情况审核表如表 5-23 所示。

表 5-23　　　　　　　　重大投资项目决策和执行情况审核表

被审计企业：		编制人：	日期：	索引号：
被审计企业主要领导人员：				
审计期间：		复核人：	日期：	页次：
主要内容	重点关注	审核情况		备注
重大投资项目决策和执行	1. 决策过程是否科学民主，重大投资项目是否符合国家产业政策，是否围绕主业布局，投资结构是否合理；			
	2. 可行性研究是否充分、准确，资金筹措等技术方案是否经济合理，经济效益分析是否准确；			
	3. 项目执行是否合法、合规，是否严格按照重大投资项目决策文件执行，有无决策未执行、未全部执行等问题，项目执行过程中是否进行了必要的内部监督；			
	4. 项目最终执行效果是否实现项目目标，是否存在投资决策失误，引发盲目扩张导致资金链断裂或资金使用效益低下等造成严重后果的情况；			
	……			

审计说明：

审计结论：

【示例 5-24】 重大投资项目审核表如表 5-24 所示。

表 5-24　　　　　　　　重大投资项目情况审核表

被审计企业：		编制人：	日期：	索引号：
被审计企业主要领导人员：				
审计期间：		复核人：	日期：	页次：

续表

序号	年度	重大投资项目名称	金额	项目绩效目标	完成情况	备注
1						
2	是否存在重大投资项目决策不到位的情况					
3	是否存在因决策不当或者失误造成损失浪费的情况					
4	是否存在因决策不当或者失误造成环境破坏的情况					
5	是否存在因决策不当或者失误造成风险隐患的情况					
6	发现的其他决策执行问题					

审计说明：

审计结论：

（六）重大资产处置决策和执行情况

在执行国有资产管理情况审计时，通常会从以下几个方面着手：首先，关于资产的获取，主要通过三种途径，包括自行购买、社会捐赠以及上级调拨。审计过程中，应特别关注土地、房屋、车辆、设备器材等重要资产的产权归属，确保新增资产的立项审批、建设程序审批、预算审批、政府采购审批等流程的合规性与合法性。同时，审计还需验证会计记录所需的原始凭证、合同文书、验收报告等资料的真实性和完整性，以及会计账务处理的准确性与规范性。此外，需检查资产入库验收，特别是自建项目的竣工验收手续是否完备，新增资产是否实现保值增值，是否存在因决策失误导致的重大资产损失或浪费，以及是否存在通过虚假手段套取财政资金以谋取私利的行为，或利用账外资金购置资产导致资产流失，或违反规定建设楼堂馆所等问题。其次，关于资产的使用，审计将关注资产领用与保管是否已登记台账，是否存在闲置资产，资产是否定期进行维护，是否建立了资产资金明细账及实物卡片，并指派专兼职人员进行管理。同时，审计还需检查资产的出租出借是否规范，资产减少时是否及时进行了处置并规范办理了报批手续，进行了相应的账务处理，以及是否定期进行了资产清查盘点，确保账、卡、实相符，无资产流失等问题。资产盘盈盘亏是否进行了账务处理，以及是否存在变相处置盘盈资产形成小金库或发放福利性资金等问题。最后，关于资产的处置，国有资产的处置通常有报废、变卖、调出三种形式。无论采取哪种处置方式，均需经过管理决策部门的批准。审计将主要审查固定资产报废、变卖、调出是否按程序办理了审批，是否存在未经批准擅自核销资产的情况。

针对国有企业主要领导人员的经济责任审计，审计工作将重点关注重大资产处置的决策程序和内容是否符合国家及相关管理部门、单位的内部管理规定，是否进行了可行性论证，是否获得了相关部门的批准，以及资产评估机构是否具备相应的资质和评估程序是否规范。此外，审计还需检查处置执行的合法性与合规性，是否严格执行了决策文件的相关要求，处置手续是否完整，实物、价值转移以及会计处理是否符合相关规定，以及处置结果是否达到了决策目标，是否存在人为干预导致的资产损失或流失等行为。

具体底稿编制可参见示例 5-25：重大资产处置决策和执行情况审核表及示例 5-26：重大国有资产处置情况审核表。

【示例 5-25】重大资产处置决策和执行情况审核表如表 5-25 所示。

表 5-25　　　　　　　　重大资产处置决策和执行情况审核表

被审计企业：		编制人：	日期：	索引号：
被审计企业主要领导人员：				
审计期间：		复核人：	日期：	页次：
主要内容	重点关注	审核情况		备注
重大资产处置决策和执行	1. 重大资产处置决策程序和内容是否符合国家及有关部门、单位内部管理规定，是否进行可行性论证，是否经有关部门批准，资产评估机构是否具备相应资质，资产评估程序是否规范；			

续表

主要内容	重点关注	审核情况	备注
重大资产处置决策和执行	2. 处置执行是否合法、合规，是否严格执行决策文件的有关要求；		
	3. 处置手续是否完整，实物、价值转移以及会计处理是否符合有关规定；		
	4. 处置结果是否达到决策目标，是否存在人为干预而造成资产损失或流失等行为；		
	……		

审计说明：

审计结论：

【示例 5-26】重大国有资产处置情况审核表如表 5-26 所示。

表 5-26　　　　重大国有资产处置情况审核表

被审计企业：		编制人：	日期：	索引号：
被审计企业主要领导人员：				
审计期间：		复核人：	日期：	页次：

序号	年度	处置的重大资产名称	价值	是否经集体研究和中介机构评估	主管部门审批情况	备注
1						
2						
3						
4						
5						

审计说明：

审计结论：

（七）大额资金的使用情况

大额资金的使用是"三重一大"决策内容的核心部分。"三重一大"

概念源自第十四届中央纪委第六次全体会议公报,对党员领导干部在政治纪律方面提出了四项要求,其中第二项,即:认真贯彻民主集中制原则,凡属重大决策、重要干部任免、重要项目安排以和大额资金的使用,必须经过集体讨论作出决定。针对不同国有企业,根据其自身性质与规模,可将超过特定金额阈值的事项纳入大额资金使用范围。

针对国有企业主要领导人员经济责任审计,审计工作将重点放在大额资金使用的审批决策程序是否完善,是否存在违反集体决策的情形,或是否有超越授权决策、超预算审批等问题;是否建立了大额资金使用管理制度,预算内大额资金的调动和使用是否符合规定,手续是否完备;超预算的资金调动和使用是否经过严格的授权审批;以及大额资金使用是否达到了既定目标等方面。

具体底稿编制可参见示例 5-27:大额资金使用情况审核表。

【示例 5-27】大额资金使用情况审核表如表 5-27 所示。

表 5-27 大额资金使用情况审核表

被审计企业:				
被审计企业主要领导人员:		编制人:	日期:	索引号:
审计期间:		复核人:	日期:	页次:
主要内容	重点关注	审核情况		备注
大额资金的使用情况	1. 大额资金使用的审批决策程序是否健全,有无违反集体决策情形,或是否存在超授权决策、超预算审批等现象;			
	2. 是否制定了大额资金使用管理制度,预算内大额资金调动和使用是否合规,手续是否齐全;			
	3. 超预算的资金调动和使用授权审批是否严格等;			
	4. 大额资金使用是否实现预期目标等;			
	……			
审计说明:				
审计结论:				

四、企业法人治理结构的建立、完善和运行情况审计

企业法人治理结构情况审计是指依据国家法律法规、政策及标准等规范性文件,对治理环境的完善程度以及监督约束机制的运行效果进行的审查和评估。

(一)组织治理结构建设情况

组织治理结构建设情况审计,应着重审视是否构建了健全的组织架构和具有明确职责边界的法人治理结构,以及是否形成了相互衔接且有效制衡的运营机制;是否依照法律制定了对股东、董事、监事及高级管理人员具有约束力的公司章程,企业是否明确在党组织的领导下开展工作,对于上市公司而言,还应关注是否设立了股东大会、董事会、监事会;是否在董事会下设立了专门委员会;董事会、监事会的成员构成及任职资格是否符合相关法规;是否建立了独立董事制度;内部机构与部门的职责权限是否明确,不兼容职责是否得到分离,内部机构的设置是否科学合理,是否与公司的性质、发展战略、企业文化等实际情况相匹配。

具体底稿编制可参见示例 5-28:组织治理结构建设情况审核表。

【示例 5-28】组织治理结构建设情况审核表如表 5-28 所示。

表 5-28　　　　　　组织治理结构建设情况审核表

被审计企业:		编制人:	日期:	索引号:
被审计企业主要领导人员:				
审计期间:		复核人:	日期:	页次:
主要内容	重点关注	审核情况		备注
组织治理结构建设情况	1. 是否建立了健全的组织架构和职责边界清晰的法人治理结构,是否建立了相互衔接、有效制衡的运行机制;			

续表

主要内容	重点关注	审核情况	备注
组织治理结构建设情况	2. 是否依法制定了对股东、董事、监事和高级管理人员具有约束力的公司章程，企业是否明确在党组织领导下开展工作；		
	3. （如适用）上市公司还应关注是否设立了股东大会、董事会、监事会；是否在董事会下设立了专门委员会；董事会、监事会的成员组成和任职资格是否符合规定；是否建立了独立董事制度；		
	4. 内设机构与部门职责权限是否明晰，不相容职责是否分离，内部机构设置是否科学合理，是否与公司性质、发展战略、企业文化等情况相适应等；		
	……		

审计说明：

审计结论：

（二）组织治理机制建立情况

组织治理机制建立情况审计，应着重考察是否切实执行了权责对等、运转协调、有效制衡的决策执行监督机制。具体而言，需评估决策与权力分配机制是否完善，是否已经制定了股东、董事、监事、经理的议事和决策规则；上市公司是否确立了股东大会、董事会、监事会及高级管理层的议事和决策规则，以及高级管理人员的聘任程序。同时，应检查激励与监督机制是否完善并有效运作，是否建立了企业主要领导人员薪酬与单位绩效及个人业绩相挂钩的激励机制，以及是否设立了监督与问责机制，以便对违反法律法规、公司章程规定，导致公司遭受损失的人员追究责任。此外，还应考察沟通与报告机制是否完备，是否明确了单位内部各层级间的报告路径，以确保风险报告和信息有效控制。上市公司是否按照规定进行了信息披露，以及单位内部是否推广适当的道德和价值观,是否形成并有效推广符合单位实际的企业文化、行为规范、职业道德规范等,以利于实现组织目标。

具体底稿编制可参见示例 5-29:组织治理机制建立情况审核表。

【示例 5-29】组织治理机制建立情况审核表如表 5-29 所示。

表 5-29　　　　　　　　　组织治理机制建立情况审核表

被审计企业:		编制人:	日期:	索引号:
被审计企业主要领导人员:				
审计期间:		复核人:	日期:	页次:
主要内容	重点关注	审核情况		备注
组织治理机制建立情况	1. 是否切实执行了权责对等、运转协调、有效制衡的决策执行监督机制,包括决策与权力分配机制是否健全,是否制定了股东、董事、监事、经理的议事、决策规则;			
	2.（如适用）上市公司是否制定了股东大会、董事会、监事会和高级管理层的议事、决策规则,以及高级管理人员的聘任程序;激励与监督机制是否健全有效,是否建立企业主要领导人员的薪酬与单位绩效和个人业绩相联系的激励机制,是否建立监督与问责机制,对违反法律、法规、公司章程规定,致使公司遭受损失的相关人员追究其责任;沟通与报告机制是否健全,是否明确单位内部各层级间的报告路径,以达到向单位内部有关方面报告风险和有效控制信息的目的,上市公司是否按规定进行信息披露;			
	3. 在单位内部是否推广适当的道德和价值观,是否形成和有效推广符合单位实际的企业文化、行为规范、职业道德规范等,以利于实现组织目标;			
	……			

审计说明:

审计结论:

(三) 组织治理机制运行情况

组织治理机制运行情况审计,应着重考察党委(党组)与董事会、经理层等治理主体间的关系是否得到妥善协调。需关注党组织在董事会、高级管理层进行重大问题决策前的讨论程序是否得到切实执行,以及是否存在削弱或仅形式上保留党的领导的情形。同时,董事会的决策功能、监事会的监督职能、高级管理层的经营管理职能以及党组织的政治核心作用是否得到充分发挥,包括党委(党组)成员、股东、董事、监事、高级管理人员是否恰当履行其职责,也是评估的重点。对于上市公司而言,董事会、董事会下设专门委员会、监事会、股东大会、高级管理层的职责履行情况及其运作的规范性,也需进行细致审查。此外,组织治理机制运行结果的衡量指标是否达到既定目标,以及是否存在因监管不力导致的管理混乱、重大违规违纪违法、经营亏损、风险隐患等问题,也是关注的焦点。

具体底稿编制可参见示例 5-30:组织治理执行情况审核表。

【示例 5-30】组织治理机制运行情况审核表如表 5-30 所示。

表 5-30　　　　　　　组织治理机制运行情况审核表

被审计企业:				
被审计企业主要领导人员:		编制人:	日期:	索引号:
审计期间:		复核人:	日期:	页次:
主要内容	重点关注	审核情况		备注
组织治理机制运行情况	1. 党委(党组)与董事会、经理层等治理主体的关系是否理顺,关注党组织研究讨论作为董事会、高级管理层进行重大问题决策的前置程序是否落实,是否存在弱化或形式化党的领导的问题;			
	2. 董事会的决策作用、监事会的监督作用、高级管理层的经营管理作用、党组织的政治核心作用,包括党委(党组)成员、股东、董事、监事、高级管理人员是否正确履行职责;			

续表

主要内容	重点关注	审核情况	备注
组织治理机制运行情况	3.（如适用）上市公司董事会、董事会下设专门委员会、监事会、股东大会、高级管理层履职是否到位，运作是否规范；		
	4. 组织治理机制运行结果的衡量指标是否达到预期，是否存在因疏于监管造成管理混乱或者导致重大违规违纪违法、经营亏损、风险隐患等问题；		
	……		

审计说明：

审计结论：

（四）对下属单位管理情况

对下属单位管理情况审计，应着重考察被审计企业主要领导人员是否恰当地履行了对下属单位的管理与监督职责，是否以整体利益为出发点，以及是否存在可能造成损害和不良后果的情况。具体而言，需关注被审计企业是否依照相关法律法规建立了完善的下属单位治理结构，是否制定了明确、科学且严格规范的治理规则；经营发展战略是否与上级单位的整体战略意图相契合；对下属单位重大经济决策的监管是否有效；是否实现了上级单位投入资本资产的保值增值目标；以及是否存在因管理层级过多、管理链条过长而导致对下属单位管理失控等问题。

具体底稿编制可参见示例 5-31：对下属单位管理情况审核表。

【示例 5-31】对下属单位管理情况审核表如表 5-31 所示。

表 5-31　　　　　　　　对下属单位管理情况审核表

被审计企业：		编制人：	日期：	索引号：
被审计企业主要领导人员：				
审计期间：		复核人：	日期：	页次：
主要内容	重点关注	审核情况		备注
对下属单位管理情况	1. 被审计企业主要领导人员对下属单位管理、监督职责履行是否到位，是否基于整体利益，有无造成危害和后果等；			
	2. 被审计企业是否按照有关的法律法规建立下属单位治理架构，是否设置了清晰、科学和严谨的治理规则；			
	3. 经营发展战略和意图是否符合上级单位整体战略意图；			
	4. 对下属单位重大经济决策监管是否有效；对上级单位投入的资本资产是否实现了保值增值目标；			
	5. 是否存在因管理层级过多、管理链条过长导致对下属单位管理失控； ……			

审计说明：

审计结论：

五、企业财务的真实合法性及效益情况审计

（一）财务真实性情况

在审查企业财务报表的真实性时，应着重考察其编制过程是否真实、

完整且符合相关法规。主营业务收入与利润数据应反映实际情况,避免为达成经营目标或绩效考核指标而人为地夸大收入或隐瞒、漏记收入,以及虚增或少计成本费用等不当行为。货币资金的管理应建立在严格的授权审批制度之上,岗位设置需遵循不兼容职务分离的原则,同时确保印章和凭证的管理流程完善无缺。应收账款和存货的内部控制机制应健全并有效执行,以确保应收账款和存货的真实存在,防止利用应收账款账户隐藏收支情况,或通过存货计价调节成本、虚增或虚减盈亏。固定资产和无形资产的内部控制制度应健全且有效,确保资产负债表中所体现的固定资产和无形资产项目真实存在。固定资产的计价方法应符合规定,资本性支出与收益性支出的划分应正确且保持一致性。无形资产的确认和计量应准确无误,合理区分资本化支出与费用化支出。固定资产和无形资产的折旧摊销期限、标准及方法应合理且符合常规。此外,应检查是否通过调整合并范围来操控财务报表,内部交易事项的抵销是否合规,关联方的确认及变更是否及时,以及是否存在向关联方转移利益或利润的情况。关联方信息和交易的披露应详尽充分。

具体底稿编制可参见示例 5-32:财务真实性情况审核表。

【示例 5-32】财务真实性情况审核表如表 5-32 所示。

表 5-32　　　　　　　　　　财务真实性情况审核表

被审计企业:		编制人:	日期:	索引号:
被审计企业主要领导人员:				
审计期间:		复核人:	日期:	页次:
主要内容	重点关注	审核情况		备注
财务真实性情况	1. 企业财务报表编制是否真实、完整、合规,主营业务收入与利润是否真实,是否存在为了完成经营计划或绩效管理指标、为了调节利润、虚增收入、隐瞒漏记收入,或虚增、少计各项成本费用等情况;			

续表

主要内容	重点关注	审核情况	备注
财务真实性情况	2. 货币资金业务是否建立严格授权审批制度，岗位设置是否符合不相容职务分离原则，有关印章和凭证的管理程序是否健全；		
	3. 应收账款及存货内部控制制度是否健全有效；应收账款及存货是否真实存在，有无利用应收款项账户隐瞒收支，有无利用计价调节存货成本、虚增虚减盈亏的情况；		
	4. 固定资产、无形资产的内部控制制度是否健全有效；资产负债表体现的固定资产、无形资产项目是否真实存在；固定资产的计价方法是否符合规定，资本性支出和收益性支出的划分是否正确并前后保持一致；无形资产的确认计量是否准确，是否合理区分资本化支出和费用化支出；固定资产和无形资产的折旧摊销期限、标准、方法是否正常合理；		
	5. 是否通过调整合并范围调节财务报表；内部交易事项抵销是否合规；		
	6. 关联方的确认及变更是否及时；是否存在向关联方让渡利益或转移利润的情况；关联方信息和交易披露是否充分；		
	……		

审计说明：

审计结论：

上述重点审计事项可以设计和实施以下审计程序，详见示例 5-33 至示例 5-39。

【示例 5-33】 货币资金业务审核表如表 5-33 所示。

表 5-33　　　　　　　　　　　货币资金业务审核表

被审计企业：			
被审计企业主要领导人员：	编制人：	日期：	索引号：
审计期间：	复核人：	日期：	页次：

主要内容	重点关注	审核情况	备注
货币资金内部控制检查	1. 货币资金预算管理控制。检查企业是否建立资金预算制度，是否建立预算执行和监督制度；		
	2. 资金收支活动审批控制。检查企业是否建立资金收付制度，是否规定资金收付审核程序，有无必要的授权及审批手续，是否建立印章授权及使用审批程序；		
	3. 结算环节控制。检查企业内部结算的程序，以及与业务部门衔接制度；检查企业对外资金结算程序、手续；		
	4. 岗位控制。检查企业财务部门是否建立管理岗位不相容职务的分离、定期轮岗制度，有无记账、复核程序；		
	5. 对账、盘点控制。检查企业财务部门是否建立内部对账制度，包括银行存款和现金账实核对、定期盘点；是否建立与外部单位的对账制度，包括食堂、工会等备用金定期核对；存款结余定期核对；银行、证券部门资金定期核对等。		
现金审核	1. 抽查现金收支业务。根据企业实际情况确定重要性水平，抽查会计凭证；		
	2. 收入的现金是否及时存入银行，有无坐支现象；		
	3. 抽查现金日记账记录：验算加总额，检查其现金收付业务是否合法，有无超出规定的结算范围，收付金额有无超规定限额；		

续表

主要内容	重点关注	审核情况	备注
现金审核	4. 支出程序是否符合制度要求，审批签字手续是否完整；		
	5. 支出票据是否合规、完整、齐全，有无"白条"入账、假发票入账；		
	6. 突击式现金监盘。由企业出纳人员取出保险柜中全部现金、资料、账簿等进行清点；审计项目组派两名以上审计人员在现场监盘。		
银行存款审核	1. 审查银行开户情况。在工商平台系统查询企业信用信息情况，获取企业开户的真实情况，与企业入账的银行开户情况进行核对；		
	2. 审计期末未达账项。取得企业保存的银行对账单，并复核企业编制的"银行存款余额调节表"，核对未达账项情况；		
	3. 审查存款利息收入。抽查企业存款利息入账情况，特别是大额定期存款情况。核对银行结息单据与银行存款日记账的记录金额、日期，有无利息收入不入账、私设"小金库"情况。		
	4. 抽查银行存款收支业务： （1）抽查银行存款日记账和相关会计凭证； （2）检查银行存款资金支出的审批、付款手续是否完备，核对支票领用簿记录的付款金额与批准金额、付款金额勾稽关系是否合理； （3）抽查中如发现银行收支业务金额相同或对象相同，应查明是否存在虚增收入、出借账户等违纪问题； （4）审计银行存款业务时如涉及大额采购业务，应与"采购与付款"环节审计一并实施，避免重复作业。		

续表

主要内容	重点关注	审核情况	备注
其他货币资金审核	1. 审查外埠存款、银行汇票存款、银行本票存款、国际信用证存款、在途货币资金、信用卡、保证金开立的必要性、合法性。根据其使用情况，分析、判断给企业带来的影响；		
	2. 审查外埠存款是否纳入企业财务核算系统，是否建立了相应的财务内控制度；通过核对银行对账单，检查资金收支、账户余额以及利息的真实性、合法性；		
	3. 审查保证金保管情况： （1）审查企业是否建立保证金设立、管理制度，是否专户存储； （2）保证金分类管理是否规范、设立是否符合相关要求、保证金使用是否符合相关规定、保证金是否及时划回，并纳入财务核算； ……		

审计说明：

审计结论：

【示例 5-34】存货管理情况审核表如表 5-34 所示。

表 5-34　　　　　　　　　存货管理情况审核表

被审计企业：			
被审计企业主要领导人员：	编制人：	日期：	索引号：
审计期间：	复核人：	日期：	页次：

主要内容	重点关注	审核情况	备注
存货内部控制检查	1. 存货的验收控制。存货验收应分为实物验收和财务验收。检查企业是否建立存货验收制度，有无对存货的数量、质量、规格、功能等评价，并与采购合同核对；财务验收中，财务部门是否建立与业务部门验收衔接制度，有无存货库房、车间、财务部门三级核算制度；		

续表

主要内容	重点关注	审核情况	备注
存货内部控制检查	2. 存货的保管领用控制。检查企业是否建立库房管理制度，包括：相关人员岗位责任制，存货质量定期检查，出库程序，存货收支记录等；是否建立存货领用制度，包括：签批领用手续，单据传递程序等；是否建立存货质量控制制度，包括：定期检验存货质量及性能，存货质量预警机制等；		
	3. 存货定期盘点、对账控制。检查企业是否建立存货定期盘点制度，有无盘点记录；财务部门与业务部门、库房、车间之间有无定期对账制度，对账记录是否完善；		
	4. 存货报损、报废控制。检查企业是否建立存货报损、报废制度，是否规范报损、报废程序，审核记录，批准手续，相关损耗和报废标准等。		
存货审核	1. 存货采购计价审计。根据存货采购数量、类别、批次，设定采购抽查的重要性水平；按照重要性水平，抽查企业存货采购会计记录，审查存货采购计价是否准确，有无多计、少计采购成本的问题；		
	2. 存货发出审计。分别根据生产（工程）领用、转让出售、发往外单位加工等确定重要性水平，抽查相关会计记录；		
	3. 存货结余审计。抽取重要存货种类，按照企业上报的存货结转方法，复核计算两种以上的存货成本，检查存货结余金额是否正确，有无多计、少计生产成本、销售成本情况；复核计算存货减值准备计提是否正确；根据相关规定，确定存货中的不良资产；		

续表

主要内容	重点关注	审核情况	备注
存货审核	4. 存货损耗审计。正常的存货损耗，检查计价是否正确、定额损耗的依据是否充分、合理；非正常的存货损耗，应当查明原因，及时与有关人员访谈，明确责任、确定损失金额；		
	5. 存货盘点审计。根据企业提供的"年度存货盘点表"，抽取三种以上的重要存货进行盘点；除了关注存货数量外，还应当关注储存环境、保管周期、存货质量等；		
	……		

审计说明：

审计结论：

【示例 5-35】 固定资产管理情况审核表如表 5-35 所示。

表 5-35 固定资产管理情况审核表

被审计企业：				
被审计企业主要领导人员：		编制人：	日期：	索引号：
审计期间：		复核人：	日期：	页次：
主要内容	重点关注	审核情况		备注
固定资产内部控制检查	1. 固定资产进入控制。检查企业是否建立固定资产预算管理制度，有无充分、科学、合理的论证；大额固定资产进入企业是否建立企业董事会（领导班子）集体决策制度；操作过程中，是否建立询价、比价、比较成本或招投标制度；			
	2. 固定资产使用控制。检查企业是否建立资产验收制度、入库管理制度、定期保险制度和登记制度（总账、编号、卡片），是否建立修理和维护制度；			

续表

主要内容	重点关注	审核情况	备注
固定资产内部控制检查	3. 固定资产处置控制。检查企业是否建立固定资产处置办法、非正常损失责任追究制度、出租和出售管理制度等；		
	4. 固定资产财务监督控制。检查企业财务部门与业务部门之间，是否建立定期对账、盘点和固定资产折旧管理制度等。		
固定资产审核	1. 固定资产购置审计。抽取与重大固定资产购置事项相关的会议纪要、记录，审查购置是否通过集体决策；是否经过必要的采购程序，如招投标、比价采购等；		
	2. 固定资产计价审计。审查固定资产购置价格、入账价格，有无成本费用不实问题，与低值易耗品的入账界限是否正确划分；抽取投资入股、抵债的固定资产相关协议、评估证明，确定计价的真实性、合法性；审查自主建造的固定资产，应当结合在建工程审计，确定计价的真实性、合法性；检查购置国产设备抵税、退税情况；		
	3. 固定资产大修理审计。审查固定资产大修理计划及实施情况，有无借机多计费用、成本不实或不追究当事人损失责任等问题；		
	4. 固定资产折旧审计。复核固定资产折旧计提范围、年限、分类、方法是否准确，净残值是否符合相关规定，月折旧额是否计算正确，每年度应至少抽查三个月企业固定资产折旧计提情况；企业折旧政策发生变化时，应关注有无报批程序和对损益、经营绩效的影响；折旧年限已满固定资产是否还有继续计提折旧现象等；		

续表

主要内容	重点关注	审核情况	备注
固定资产审核	5. 固定资产处置审计。审查出售、出租固定资产的程序，处置是否经过评估等必要的手续，转让和出租价格是否合理、合法；		
	6. 固定资产盘点审计。调阅企业盘点资料，如有定期盘点制度并有效执行，选择至少两个种类进行监督盘点；如没有盘点制度或不能有效执行，选择至少三个种类进行监督盘点；盘点后，对盘亏、盘盈固定资产及时记录，立即进行相关人员访谈，查明原因；关注失去使用价值、残损报废等不良固定资产情况的统计分析，确定责任；		
	7. 固定资产减值准备审计。审查企业计提方法是否合规，计算是否准确，是否正常披露；		
	……		

审计说明：

审计结论：

【示例 5-36】 销售与收款情况审核表如表 5-36 所示。

表 5-36　　　　　　　销售与收款情况审核表

被审计企业：			
被审计企业主要领导人员：	编制人：	日期：	索引号：
审计期间：	复核人：	日期：	页次：

主要内容	重点关注	审核情况	备注
销售与收款内部控制检查	1. 检查销售预算。检查企业是否编制全年销售预算，是否组织力量进行必要的市场调查，检查销售预算的合理性、科学性；		
	2. 检查接受订单情况。向企业销售（市场营销）部门了解接受订单的程序，检查全年订单接受数量、完成数量、收款等情况；		

续表

主要内容	重点关注	审核情况	备注
销售与收款内部控制检查	3. 检查信用制度。了解企业对客户的信用评定制度，检查是否建立完整的客户信用体系、建立客户信用资料档案，是否制定有效的信用审查制度和信用周期制度；		
	4. 检查开单发货制度。了解企业开单发货的程序，检查销售通知单，审核发货的业务流程，关注业务开票与发货的职能是否分离；		
	5. 检查收款控制。检查现销的业务流程，包括发票开具、审核、收款、入账。检查赊销中，是否建立应收账款追踪分析、账龄分析、应收账款收现率分析、坏账准备、应收账款催收等制度；		
	6. 检查销售折扣与折让。了解企业是否建立销售折扣与折让政策，有无执行的相关程序和必要的审批手续。		
销售与收款审核	1. 销售收入审计。从销售订单（合同）发出商品入手，审计企业销售收入的真实性。抽查销售订单（合同）、销售部门台账与企业销售收入核对，再以发出商品情况与企业销售收入核对；		
	2. 销售收款审计。审查现销收入是否及时入账，有无现金收入不入账、销售收入挂往来账、销售人员将现金收入存入个人存折、收到支票或汇票不能入账、形成损失等问题。对于销售收款偏低的事项，应当注意汇总情况，查明销售对象、低价理由，展开调查程序，如函询查证或外调等；		
	3. 销售折扣与折让审计。审查企业销售部门、财务部门是否执行折扣折让的政策，有无个人违规违纪行为，有无销售回扣行为；		

续表

主要内容	重点关注	审核情况	备注
销售与收款审核	4. 销售对象审计。审查企业有无低价销售、有无违反销售折扣政策，故意向关联企业让利；审查销售款项是否及时收回，是否制订欠款期限以外加收利息、滞纳金的措施；关注集团内关联企业的营业收入指标，核实销售情况的真实性，有无关联企业互开发票、共同虚增销售问题；		
	5. 应收账款审计。（1）应收账款余额审计。通过账龄分析、查阅年度审计报告，列出长期应收账款情况以及应收对象情况，追查其发生的过程，审查是否存在责任事故、企业是否及时追讨，是否存在不良关联交易、是否构成不良资产，可采用函询查证；（2）审计应收账款坏账准备计提。按照相关会计政策，复算已计提的坏账准备是否正确；（3）应收账款贷方发生额审计。结合企业实际情况，确定抽查重要性水平，对符合条件的事项逐一审查。关注对方科目是否合理，赊销条件是否符合企业规定，入账票据与欠款单位是否一致，合同约定的利息是否到账等情况；		
	6. 其他应收款审计。关注借方发生额情况，查清主要关联方情况及大额款项性质，有无个人挪用公款、出借资金的情况，需重点关注涉及经济责任审计对象有关内容。另外，还需根据款项账期、性质按照会计政策测算坏账；		
	7. 预收账款审计。关注预收账款长期结余有无收入挂账的问题；抽查借方发生额，审阅相应的会计资料，查看有无非正当理由转出资金、发出存货与协议不符等问题；		
	……		

续表

审计说明:	
审计结论:	

【示例 5 –37】采购与付款情况审核表如表 5 –37 所示。

表 5 –37　　　　　　　　采购与付款情况审核表

被审计企业:			
被审计企业主要领导人员:	编制人:	日期:	索引号:
审计期间:	复核人:	日期:	页次:

主要内容	重点关注	审核情况	备注
采购与付款内部控制检查	1. 检查企业是否制订采购预算计划，采购预算是否与销售计划统一，是否报经董事会、总经理办公会批准；检查预算计划执行的权责划分情况；		
	2. 检查企业采购资金的监控情况。采购部门是否做到不相容职务分离，财务部门是否建立与采购部门的衔接制度，是否设立稽核岗位定期监控采购资金；		
	3. 检查企业采购的主要渠道及供应商管理情况。企业是否建立商品、原材料合格供应商目录，关注与供应商合作状况及对企业经营的影响；是否建立市场价格监控档案；是否进行国内、国际采购市场价格长期走势分析等；		
	4. 检查企业商品采购与审批手续，检查计划外采购商品的采购程序；		
	5. 检查企业采购付款制度是否健全，是否与供应商签订合同，是否制定全额、部分付款的限制制度；是否制定到货、验收、检验的制度，财务付款前是否监督到货情况，财务部门是否建立"应付款"核算制度；		
	6. 检查企业采购的退货、退款制度是否完善。		

续表

主要内容	重点关注	审核情况	备注
采购与付款审核	1. 大额采购审计。（1）检查决策程序。通过查阅董事会、总经理办公会纪要、记录等资料，查明大额采购是否经过集体决策。（2）检查采购过程。通过了解采购招标过程，查阅招标材料（标书、投标文件、专家小组、评标记录、中标通知等），对照合同复核付款情况，检查验收手续；（3）检查采购效果。应注意大额采购是否实现了节约原则、体现集中购买的优势，是否符合经济效益原则；		
	2. 应付账款审计。在审查应付账款余额的基础上，重视审计应付账款发生额。（1）审阅企业年度审计报告，对期末长期挂账的款项进行详查，查明原因，有无对方放弃债权、采购回扣、多付折让等因素，企业长期未处理。（2）抽查年度应付账款增加额。与采购合同相核对，审查有无虚列应付账款，结算后形成账外资金等问题。（3）抽查年度应付账款减少额。抽查会计凭证，审查是否存在无依据支付款项、付款条件不符合协议约定等问题。（4）企业资金比较紧张时，注意结合在建工程施工进度、产品"进销存加"的比较分析，发现"货到单未到"时，企业是否估价入账，是否存在资产负债严重不实；		
	3. 其他应付款审计。（1）详查科目余额，分清是否属于长期挂账，逐一查明原因、逐一说明原因。应当按照不同性质的账户余额编制表格，分别出具"审计核实材料"；		

续表

主要内容	重点关注	审核情况	备注
采购与付款审核	（2）核对期初、期末结余情况，审查户名、金额是否结转一致，有无擅自处理等问题； （3）审计借方金额，抽查借方发生情况并查阅会计凭证，审查支付是否正常，有无支付依据不足、支付对象不符、支付金额超支等异常情况； ……		

审计说明：

审计结论：

【示例 5–38】 成本费用情况审核表如表 5–38 所示。

表 5–38　　　　　　　　　成本费用情况审核表

被审计企业：					
被审计企业主要领导人员：		编制人：	日期：	索引号：	
审计期间：		复核人：	日期：	页次：	

主要内容	重点关注	审核情况	备注
成本费用内部控制检查	1. 检查成本费用的预算控制。通过审查企业年度成本费用预算，向相关人员了解编制过程，检查企业是否建立科学、合理的成本费用预算管理制度，是否正确划分责任中心、明确责任目标，是否建立成本费用控制目标；		
	2. 检查生产成本控制。通过与生产部门负责人访谈、实地观察生产工艺情况，了解生产成本流程。检查企业是否建立生产成本控制制度，包括物料定额标准、原材料领用手续、工资分配机制、凭证传递程序等；		

续表

主要内容	重点关注	审核情况	备注
成本费用内部控制检查	3. 检查生产成本会计控制。抽查会计凭证、生产材料领用账簿等资料，检查企业是否建立完整、规范的生产成本会计控制程序，包括成本核算项目、成本归集流程、成本计算方法、费用分配标准等，检查企业是否建立不相容职务分离的会计、统计岗位责任制度；		
	4. 检查费用控制。通过查阅会计凭证，与财务、办公室、业务部门负责人访谈等方式，了解企业费用控制流程。检查企业是否健全费用控制制度，包括部门费用控制标准、费用报销经手审批程序、费用考核等；		
	5. 检查费用会计控制。检查企业是否建立费用核算政策，包括费用列支、费用分摊、费用预提、费用结转等；		
	6. 检查新产品研发控制。检查企业是否建立科技研发制度，科研机构是否健全、集约，科研经费有无预算制度和监督检查制度，新产品投入产出情况等。		
成本费用审核	1. 生产成本审计。通过审阅生产统计表和生产成本账，结合企业实际情况，选取三个以上重要产品品种进行生产成本复算。（1）审查企业生产成本结转方法是否变化，有无批准程序，分析判断对企业损益真实性的影响；（2）审查列入生产成本的费用是否正确，有无多计、少计费用问题；（3）审查企业年度末完工产品与在产品成本分摊是否正确，有无人为多转完工产品成本、少计利润问题，或少转完工产品成本、虚增利润问题；		

续表

主要内容	重点关注	审核情况	备注
成本费用审核	2. 管理费用、经营（销售）费用审计。在了解企业费用控制的基础上，结合企业实际情况、审计目的，制定重要性水平标准，抽查超过标准的会计凭证。(1) 对企业支付现金劳务费用、奖金的业务，审查企业相关管理制度；审查签字审批是否齐全、是否有一人代领、签字笔迹一致等问题；有无虚列支出、私设"小金库"的现象；(2) 对企业有使用发票连号的情况，即一张记账凭证后附发票出现连号或几张记账凭证后附发票有连号情况，重点关注，判断是否存在虚假支出；(3) 对企业存在使用不合规发票或不合逻辑付款的情况，即发票带有明显假票痕迹、税务代开发票并以现金支付的，或企业存在支票结算外地票据以及大额现金结算的，重点关注，判断是否存在虚假支出；(4) 审查企业科研费用、新产品开发费用是否符合公司规定的研发费用比例，是否单独设立账户核算，费用开支是否真实，有无将其他费用列支科研费用，延伸调查新产品开发事项，了解新产品性能和效果；(5) 审查企业装修费用、大额修理费用等资本性支出是否计入收益性支出；		
	3. 财务费用审计。结合筹资担保审计、预提费用审计，核实借款利息的真实性，判断企业有无资本性支出计入收益性支出，有无多计、少计财务费用，从而调节利润等问题；		
	4. 待摊费用、预提费用审计。关注期末待摊费用余额和期末预提费用余额，审查企业是否将日常费用计入待摊费用或无依据预提大额费用，有无人为调节利润的问题；		
	……		

续表

审计说明：

审计结论：

【示例5-39】薪酬福利情况审核表如表5-39所示。

表5-39 薪酬福利情况审核表

被审计企业：		编制人：	日期：	索引号：
被审计企业主要领导人员：				
审计期间：		复核人：	日期：	页次：
主要内容	重点关注	审核情况		备注
薪酬福利内部控制检查	1. 检查薪酬、社会保障制度。了解企业薪酬管理情况，与劳资部门负责人访谈，查阅人员名单、劳资报表等相关资料，掌握企业职工薪酬、社会保障总体情况。检查企业是否建立完整、有效的薪酬管理办法，是否建立工资总额预算和分解制度；是否建立工资发放流程，制单人、审批人、发放人是否遵守了不相容职责分离原则；是否建立人员社会保障制度，有无补充医疗等商业保险制度；			
	2. 检查业绩考核、领导人员年薪制度。了解企业考核管理情况，与企业相关人员访谈，要求提供相关资料。检查企业是否建立本部人员年度考核、二级单位业绩考核制度，有无监督管理办法和内部审计办法；是否建立企业领导人员、所属单位负责人年薪管理制度，批准审核程序是否恰当；			
	3. 检查企业领导人员薪酬情况。了解企业领导人员与集团公司签订业绩考核、薪酬及奖励情况；了解企业领导人员在所属企业兼职情况，索取企业领导人员薪酬档案和备案表，核对有关情况；			

续表

主要内容	重点关注	审核情况	备注
薪酬福利内部控制检查	4. 检查职工福利政策。通过观察企业环境、与相关部门负责人访谈，了解企业职工福利情况。检查企业是否建立合理、合法的职工福利制度；		
	5. 检查企业年金制度。通过了解企业年金情况，检查是否建立企业年金制度及相应的批准程序；		
	6. 检查工会经费制度。通过了解企业工会经费来源、开支情况和财务管理情况。检查企业是否定期补充工会经费，工会财务管理系统是否单独设立，工会经费是否建立相关管理办法。		
薪酬福利审核	1. 薪酬、社会保障的审计。复核企业当年计提工资预算、分解二级单位工资总额情况，与年度工资总额预算相核对，审查有无工资预算超支问题；与费用审计配合，检查劳务费、临时工工资、奖励等事项，审查企业有无在工资预算以外列支工资问题；检查企业为职工办理"五险一金"情况，并进行复算，审查有无少负担、多负担社会保险或以公款垫支社会保险等问题；		
	2. 企业领导人员薪酬审计。审查上级批复薪酬、企业自报薪酬情况。复算每名领导人员薪酬，将企业工资总额以外的其他货币性收入、非货币性收入累计计算，审查是否按规定计领薪酬。（1）审查企业领导人员有无在规定薪酬以外，以奖金、补贴、未休假补助等名义发放薪酬的情况，有无自定薪酬情况；（2）企业领导人员在所属企业担任法定代表人、董事、国有产权代表等职务		

续表

主要内容	重点关注	审核情况	备注
薪酬福利审核	时，应当延伸审计企业领导人员有无兼职取酬问题；（3）关注企业领导人员车改、住房补助、餐饮报销等职务消费情况，特别是单位信用卡报销无记录、取现金等问题；		
	3. 企业福利审计。复算企业福利费用计提情况，审查是否符合相关规定；审查企业福利开支情况。（1）审查企业有无在福利费用中开支奖金、津贴等问题；（2）审查企业有无在福利费用中购买购物卡、家电等分发职工问题；（3）审查企业有无在福利费用中为职工办理商业保险问题；（4）审查企业有无定期、不定期补充工会经费情况。如发现有大额资金补充工会经费，应当延伸审计工会经费账户。审查工会经费账户开支是否合理，有无发放奖金、津贴、实物的问题，有无利用工会经费账户设置账外资产；		
	4. 企业年金审计。查阅企业年金的相关资料，审查是否经过批准，有无擅自设立企业年金问题；审查企业年金的管理情况，是否按照相关制度执行，是否存在运营风险；审查企业年金发放使用情况，有无违反相关制度问题；		
	……		

审计说明：

审计结论：

（二）经营发展及效益情况

在审查企业的经营发展及效益情况时，应着重考察企业经营是否同时兼顾了稳健性与可持续性发展；关键业绩考核与风险监管的核心指标是否达到了既定目标。此外，还应评估企业的经营是否实现了增长；综合盈利能力是否得到了巩固与提升。同时，企业的主营业务在国际及国内同行业市场中是否占据了一定的地位或具有一定的影响力。

具体底稿编制可参见示例 5-40：经营发展及效益情况审核表和示例 5-41：目标责任制完成情况审核表。

【示例 5-40】经营发展及效益情况审核表如表 5-40 所示。

表 5-40　　　　　　　　经营发展及效益情况审核表

被审计企业：		编制人：	日期：	索引号：
被审计企业主要领导人员：				
审计期间：		复核人：	日期：	页次：
主要内容	重点关注	审核情况		备注
经营发展及效益情况	1. 企业经营是否兼顾稳健性与可持续性发展；主要业绩考核和风险监管核心指标是否实现预期目标；			
	2. 企业经营是否实现增长；综合盈利能力是否得到巩固和加强；			
	3. 企业主营业务是否在国际、国内同行业市场具有一定地位或影响力；			
	……			

审计说明：

审计结论：

【示例 5-41】目标责任制完成情况审核表如表 5-41 所示。

表 5-41　　　　　　　　目标责任制完成情况审核表

被审计企业：		编制人：	日期：	索引号：
被审计企业主要领导人员：				
审计期间：		复核人：	日期：	页次：

续表

主要内容	重点关注	审核情况	备注
目标责任制完成情况	1. 将违规违纪问题涉及的财务数据重新调整企业原财务报表，以审定的财务报表复核计算经营业绩指标；		
	2. 检查企业是否存在虚报经营业绩指标、超发薪酬，是否存在纵容、唆使所属企业虚报瞒报财务数据；		
	3. 复核企业重点任务完成情况；		
	4. 复核计算企业国有资产保值增值、上缴国有资本收益情况；		
	……		

审计说明：

审计结论：

（三）合规管理情况

合规管理状况需关注企业工程项目管理、物资及服务采购招标、资本运作、资产资源收购与处置等方面是否存在违规行为；涉及金融业务时，信贷、投资、证券、保险、信托、租赁等经营事项应符合国家法律法规及监管机构的要求。

具体底稿编制可参见示例 5-42 至示例 5-45。

【示例 5-42】合规管理情况审核表如表 5-42 所示。

表 5-42　　　　　　　　合规管理情况审核表

被审计企业：		编制人：	日期：	索引号：
被审计企业主要领导人员：				
审计期间：		复核人：	日期：	页次：

续表

主要内容	重点关注	审核情况	备注
合规管理情况	1. 企业工程项目管理、物资和服务采购招标、资本运作、资产资源收购及处置是否存在违规操作的情况；		
	2. 涉及金融业务的，信贷、投资、证券、保险、信托、租赁等经营事项是否符合国家法律法规及监管要求；		
	……		

审计说明：

审计结论：

【示例 5-43】筹资情况审核表如表 5-43 所示。

表 5-43　　　　　　　筹资情况审核表

被审计企业：			
被审计企业主要领导人员：		编制人：	日期：	索引号：
审计期间：		复核人：	日期：	页次：

主要内容	重点关注	审核情况	备注
筹资内部控制检查	1. 检查筹资计划的内部控制。了解企业董事会、总经理办公会对筹资计划的分工情况。检查企业是否制订筹资计划，是否考虑筹资总收益与成本，是否合理确定筹资规模，如何选择适合企业现状的最佳筹资模式和机会，是否科学制定筹资期限；		
	2. 检查筹资审批的内部控制。检查企业筹资审批制度，是否经过集体决策程序，是否建立筹资监督机制，筹资执行与筹资监督是否分离；		

续表

主要内容	重点关注	审核情况	备注
筹资内部控制检查	3. 检查取得筹资和使用资金的内部控制。了解企业取得筹资和使用资金的管理程序。检查企业是否制订监控资金投向的措施，改变资金用途是否经过董事会、总经理办公会集体决策；		
	4. 检查筹资会计核算控制。检查企业财务部门是否围绕筹资活动开展了专门培训，是否正确设置有关会计账户，是否制定摊销债券溢价、折价的财务政策，是否制定筹资利息、股息的核算办法；		
筹资情况审核	1. 筹资决策和批准审计。查阅董事会、总经理办公会的相关文件，审查企业有无科学决策、集体决策；通过访谈、查阅资料，审查重大筹资是否经过批准；		
	2. 筹资使用审计。查阅财务资料、工程资料、项目资料等，审查企业是否按照规定、约定使用资金，有无改变资金用途等问题；		
	3. 筹资归还审计。关注企业的筹资效果，会同企业相关人员测算筹资归还情况，具体包括：（1）债券使用效果。审查使用项目进展和收益情况，是否定期支付利息，今后市场发展情况是否存在较大风险；（2）银行借款使用效果。审查长期借款项目进展、利息支付情况，关注宏观经济对企业长期借款项目未来经营的影响；审查短期借款是否存在债务风险；		
	4. 筹资利息、股息审计。按照借款协议、发债通知等资料，复算应付利息，并与企业财务账、银行结息单据等相互核对，审查企		

续表

主要内容	重点关注	审核情况	备注
筹资情况审核	业结算利息是否正确,是否存在多计或少计利息;审查企业利息入账是否正确,长期借款利息是否资本化,债券利息是否合规;审查企业支付股息是否正确,有无同股不同利现象;		
	……		

审计说明:

审计结论:

【示例 5-44】 对外担保情况审核表如表 5-44 所示。

表 5-44　　　　　　　　　对外担保情况审核表

被审计企业:			
被审计企业主要领导人员:			
审计期间:	编制人:	日期:	索引号:
	复核人:	日期:	页次:

主要内容	重点关注	审核情况	备注
对外担保内部控制检查	1. 检查担保的决策、批准控制。通过查阅企业年度审计报告、与财务负责人访谈,了解企业对外担保情况。检查企业是否建立被担保单位经营、财务调查制度;是否建立担保事项论证制度;是否建立担保事项审批制度;		
	2. 检查担保办理程序。了解企业担保事项办理程序,是否建立不相容岗位办理制度;是否建立反担保、质押等保障制度;		
	3. 检查担保监控程序。通过访谈、调查了解企业担保事项的监督机制,审查是否建立定期检查、报告制度,是否建立风险预警机制等。		

续表

主要内容	重点关注	审核情况	备注
对外担保情况审核	1. 担保决策审计。查阅相关文件、与当事人访谈,审查企业作出的担保行为是否经过董事会集体决策,有无个人决策或其他个人问题;		
	2. 担保办理程序审计。检查企业决策书面文件,并与担保签署文件核对,审查企业相关部门和人员是否严格遵守企业决策,注意担保金额时限、反担保措施等条款;		
	3. 担保效果和影响审计。审查企业担保事项是否按期解除责任,担保效果是否明显,担保收益是否入账;没有按期解除责任时,企业是否采取切实有效措施、是否及时披露或报告,是否追究当事人责任,担保事项对企业后续经营发展是否带来重要影响;		
	……		

审计说明:

审计结论:

【示例5-45】对外投资情况审核表如表5-45所示。

表5-45　　　　　　　　对外投资情况审核表

被审计企业:		编制人:	日期:	索引号:
被审计企业主要领导人员:				
审计期间:		复核人:	日期:	页次:
主要内容	重点关注	审核情况		备注
对外投资内部控制检查	1. 检查对外投资预算和计划。了解企业对外投资预算安排、董事会投资委员会职能和主要工作,查阅企业对外投资事项。检查企业是否制订对外投资预算和计划;投资导向是否符合发展规划;			

续表

主要内容	重点关注	审核情况	备注
对外投资内部控制检查	2. 检查对外投资准备控制。了解企业部门设置分工；查阅企业对外投资可行性研究报告、国家地方产业政策，审查企业是否建立分析、研究投资可行性的制度；企业投资管理部门与财务部门是否建立合作机制；		
	3. 检查对外投资决策、执行控制。查阅企业董事会、总经理办公会会议资料，检查是否建立投资决策机制；是否建立投资研究、决策、执行、监督的管理机制；		
	4. 检查对外投资管理、监督控制。了解企业投资管理，投资企业运营、绩效、分红情况，母子公司的投资权限和决策机制等，索取被投资企业财务报表、决算报告、董事会报告等资料。检查企业是否建立投资管理、派出国有产权代表、财务控制等管理制度措施；是否建立内部审计、派出财务总监等监督措施；		
	5. 检查对外投资清算、清理控制。了解企业投资清算清理情况，摸清近年投资退出情况；检查是否建立投资退出管理制度；是否建立财务、资产、投资等多部门参与的投资清算制度；是否建立资产评估、投资转让等管理制度。		
对外投资情况审核	1. 对外投资决策审计。查阅投资准备的相关资料，审查企业是否进行了科学、严谨、规范的投资准备；可行性研究是否充分，有无盲目投资；查阅相关会议记录，审查投资决策是否经过集体决策，有无个人行为。 (1) 企业投资决策经过相应程序，可行性研究报告比较科学合理，但短期内投资项目		

续表

主要内容	重点关注	审核情况	备注
对外投资情况审核	数量多、投资金额大的,应当关注投资质量; (2)企业投资预算与现有净资产、流动资金的关系。如发现投资预算、决算超出企业能力,应当关注投资效果和投资风险;		
	2.对外投资执行审计。查阅企业投资预决算资料、注册资料;对投资资产、资金筹集情况开展访谈;审查是否按照决议进行投资活动。 (1)企业以实物资产、无形资产投资的,应当关注是否进行资产评估、评估内容和方法是否恰当;投资计价是否正确; (2)企业投资文件中如未涉及使用商标、商誉、品牌、技术、知识产权等无形资产的内容,应当关注实际投资中是否涉及相关内容,相应无形资产使用费用是否计价,有无被投资企业无偿占用或涉及相关人员个人问题; (3)以货币资金投资的,应当关注是否进行了企业注册;股本结构是否与投资协议一致;其他投资方资金是否到位。		
	3.投资管理和运营情况审计。在摸清企业投资管理的基础上,考虑是否对被投资企业延伸审计;应当关注国有产权代表履职情况,有无既是国有产权代表、又是个人股东问题。对于部分企业存在的境外投资,应当结合投资监管措施、境外投资效果进行延伸审计。 (1)对于企业效益好、管理基础较好的投资项目,关注是否按期分红,核对董事会分红决议与企业财务核算是否一致,有无私设"小金库"、账外资金或个人问题;		

续表

主要内容	重点关注	审核情况	备注
对外投资情况审核	（2）对于企业管理基础较差的投资项目，应当关注投资效果，是否存在核算不合规、减值准备计提不合规、是否应列入劣势企业退出等问题； （3）投资审计应与往来资金审计相结合，审查是否存在不良关联交易，有无通过关联交易转移利润，有无无偿、低价占用国有资金； （4）与企业工程技术人员访谈，审查被投资企业利用国有知识产权的情况，有无无偿、低价占用国有知识产权问题，有无管理不到位、造成国有知识产权损失风险； （5）关注本企业投资不变、合作方单方增资情况，调查本企业不增资原因，审查增资行为是否符合法律规定，有无故意向合作方让渡权益的问题； （6）关注国有产权代表履职表现，调查有无未经授权擅自决策、造成损失问题；日常监管是否到位，投资企业有无不良关联交易问题；		
	4. 投资转让、清算、清理审计。审阅转让、清算、清理的相关文件，并与相关人员进行访谈。审查投资转让、清算、清理的原因是否合理，是否进行资产评估，作价是否合理，企业财务处理是否正确，如： （1）审查投资转让的理由、投资项目的进展程度，转让行为是否经过集体决策，受让方是否属于关联方，有无不良关联交易；有无资产评估方法、范围不合理，造成低价转让问题；有无以项目缺少资金、政策限制等理由，有意向关联方让利；		

续表

主要内容	重点关注	审核情况	备注
对外投资情况审核	（2）审查投资清算、清理是否经过审计、评估程序，审计、评估事务所的选择是否恰当；清算、清理的资产分配是否合规，入账是否正确，有无借机设置账外资金、资产行为； （3）审查放弃优先受让权的理由是否合理，是否经过集体决策，特别是投资企业发展前景良好时，有无向其他股东让利问题；		
	5. 债券及股票（期货）投资审计。核实企业主营业务是否涵盖高风险业务，相关高风险投资是否取得有关批复，还应当关注"交易性金融资产""持有至到期投资""可供出售金融资产"等科目，重点关注以下内容： （1）审查购买债券、股票（期货）是否进行科学、审慎的可行性研究，尤其对于风险性分析是否客观、充分； （2）审查购买债券、股票（期货）是否进行了集体决策，是否能够提供董事会、总经理办公会相关决议； （3）审查是否具有金融资产专业运作团队，人员资质、组成是否符合技术要求； （4）审查债券、股票（期货）运作效果，是否与可行性研究相吻合，如存在重大差异，要查明原因； （5）检查企业是否按照会计准则规定进行了正确的计价和核算；检查投资收益是否均已收取并入账； ……		

审计说明：

审计结论：

六、企业风险管控情况审计

(一) 风险管理环境

在进行企业风险管理环境审计时,应当着重考察企业是否重视并积极推广风险管理,以及是否认真地组织和领导风险管理制度的建设。首先,需要评估所有参与执行风险管理的管理人员和员工是否充分理解风险管理的重要性及其对企业整体运营管理的价值;其次,应确认他们是否拥有进行风险管理所需的专业知识和技能,是否具备强烈的工作责任感和诚信的态度;最后,还应关注企业在制定和实施全面风险管理战略、组织日常活动时,是否采用了与单位性质和规模相匹配的风险管理理念;是否对相关法律法规、税收政策、市场监管、安全管理等可能对风险产生直接影响的因素给予足够的关注;是否对单位经营过程中的风险特征有充分了解,并对高风险事项采取审慎的态度;以及在追求目标的过程中,是否根据单位的性质和规模确定其可接受的风险水平。

具体底稿编制可参见示例5-46:风险管理环境情况审核表。

【示例5-46】风险管理环境情况审核表如表5-46所示。

表5-46　　　　　　　风险管理环境情况审核表

被审计企业:		编制人:	日期:	索引号:
被审计企业主要领导人员:				
审计期间:		复核人:	日期:	页次:
主要内容	重点关注	审核情况		备注
风险管理环境	1. 是否强调宣传风险管理的重要性,是否认真组织和领导风险管理制度建设工作;			
	2. 执行风险管理的所有管理人员与员工是否充分认识到风险管理的重要性以及实施风险管理对企业整体运营管理的意义,是否具			

续表

主要内容	重点关注	审核情况	备注
风险管理环境	备胜任风险管理的专业知识和专业技能，是否具有较强的工作责任心和诚实的态度；		
	3. 在全面风险管理战略制定、实施和组织日常活动中是否有与单位性质、规模相适应的风险管理概念；是否关注相关法律法规、税收政策、市场监管、安全管理等对风险的直接影响；是否熟悉单位整个经营过程中的风险特征并对高风险事项采取谨慎介入的态度；在追求目标实现过程中是否根据单位性质、规模确定其风险接受程度；		
	……		

审计说明：

审计结论：

（二）风险管理机制的健全性和有效性

在进行风险管理机制的健全性和有效性审计时，应当重视风险管理组织机构的完善性。具体而言，第一，需考量是否依据单位的规模、管理水平、风险管理程度以及单位性质等特点，构建了一个规范化的风险管理组织体系，且该体系应基于全体员工的参与合作与专业管理的结合；第二，应关注全面风险管理制度的执行情况，特别留意是否存在超越授权范围的管理风险，以及是否存在不履行职责或不胜任职责的情形；第三，应检查风险管理工作记录、授权书等文件是否完备；第四，应关注风险管理程序的合理性，确保对各业务循环及相关部门的风险识别、分析、评价、管理及处理等活动，建立了一套规范、合理、有效的操作流程；第五，应关注风险预警系统的有效性，包括是否建立了风险管理信息的动态管理机制，并定期或不定期地执行风险辨识、分析、评价，以便对新出现的风险和原有风险的变化进行重新评估。

具体底稿编制可参见示例 5-47：风险管理机制的健全性和有效性情况审核表。

【示例 5-47】风险管理机制的健全性和有效性情况审核表如表 5-47 所示。

表 5-47　　　　　风险管理机制的健全性和有效性情况审核表

被审计企业：		编制人：	日期：	索引号：
被审计企业主要领导人员：				
审计期间：		复核人：	日期：	页次：
主要内容	重点关注	审核情况		备注
风险管理机制的健全性和有效性	1. 关注风险管理组织机构的健全性，包括是否根据单位规模、管理水平、风险管理程度以及单位性质等方面的特点，在全体员工参与合作和专业管理相结合的基础上，建立了规范化风险管理组织体系；			
	2. 关注全面风险管理制度落实情况，重点关注是否存在超授权管理风险和不履职或不胜任情况，以及风险管理工作记录、授权书等是否齐全；			
	3. 关注风险管理程序的合理性，是否对各业务循环以及相关部门的风险识别、分析、评价、管理及处理等活动建立了规范、合理、有效的工作流程；			
	4. 关注风险预警系统的有效性，包括是否建立了风险管理信息的动态管理机制，并定期或不定期实施风险辨识、分析、评价，以便对新的风险和原有风险的变化重新评估等；			
	……			

审计说明：

审计结论：

(三) 风险识别的适当性和有效性

在进行风险识别的适当性和有效性审计时，应当着重考察企业所面临的内外部风险是否已得到充分且恰当的确认。外部风险涵盖国家法律、法规及政策的变动，经济环境的波动，科技的迅猛发展，行业竞争、资源及市场变动，以及自然灾害和意外损失等不确定性因素，这些因素均可能对企业的目标实现产生影响。内部风险则包括组织治理结构的不足，信息系统故障或中断，企业员工的道德品质和业务素质未达标等风险因素。审计过程中，应关注风险识别原则的合理性以及识别方法的适当性，包括是否为各相关职能部门和业务单位规定了风险识别的职责和标准；是否明确了各职能部门收集初始信息的职责及其适当性，是否从战略风险、财务风险、市场风险、运营风险、法律风险等维度收集与企业风险和风险管理相关的内外部信息；是否建立了有效的筛选、提炼、对比、分类、组合的机制来处理初始信息；以及是否适时对风险识别的适当性和有效性进行了调整和评估。

具体底稿编制可参见示例 5-48：风险识别的适当性和有效性情况审核表。

【示例 5-48】风险识别的适当性和有效性情况审核表如表 5-48 所示。

表 5-48　　　　　　风险识别的适当性和有效性情况审核表

被审计企业：			
被审计企业主要领导人员：	编制人：	日期：	索引号：
审计期间：	复核人：	日期：	页次：
主要内容	重点关注	审核情况	备注
风险识别的适当性和有效性	1. 关注企业面临的内外部风险是否已得到充分、适当的确认；		
	2. 关注风险识别原则的合理性和识别方法的适当性。包括是否规定了各有关职能部门		

续表

主要内容	重点关注	审核情况	备注
风险识别的适当性和有效性	和业务单位的风险识别职责和标准；是否明确各职能部门收集初始信息的职责及其适当性，是否从战略风险、财务风险、市场风险、运营风险、法律风险等维度收集与该企业风险和风险管理相关的内外部信息；是否对初始信息建立有效的筛选、提炼、对比、分类、组合的机制等；是否适时对风险识别的适当性和有效性进行调整和评估；		
	……		

审计说明：

审计结论：

（四）风险评估方法的适当性和有效性

在进行风险评估方法的适当性和有效性审计时，应着重审查是否已构建科学的量化风险评估体系，以及是否对收集到的风险管理初始信息和各项业务管理及其关键业务信息确立了风险评估的方法和流程；风险评估方法是否与已识别风险的特性相适应；用于风险评估的相关历史数据是否充足且可靠；风险评估方法是否恰当、有效，涵盖了预警分析、专业判断、综合评价等多种方法的应用；是否对风险评估的成本效益进行了评估和衡量；是否制定了各项风险的管理优先级和策略；是否建立了风险变化信息的动态量化管理机制，定期执行风险评估的修正，并对新出现的风险以及原有风险的重大变化进行及时评估和监测记录。

具体底稿编制可参见示例 5-49：风险评估方法的适当性和有效性情况审核表。

【示例 5-49】风险评估方法的适当性和有效性情况审核表如表 5-49 所示。

表 5-49　　　　　　风险评估方法的适当性和有效性情况审核表

被审计企业：		编制人：	日期：	索引号：
被审计企业主要领导人员：				
审计期间：		复核人：	日期：	页次：
主要内容	重点关注	审核情况		备注
风险评估方法的适当性和有效性	1. 是否建立了科学的量化风险评估机制；是否对收集的风险管理初始信息和各项业务管理及其重要业务信息确定了风险评估方法和流程；			
	2. 风险评估方法与已识别的风险的特征是否相匹配；风险评估运用的相关历史数据是否充分和可靠；			
	3. 风险评估方法是否适当、有效，包括预警分析、专业判断、综合评价等方法的运用；			
	4. 是否对风险评估成本效益进行了考核与衡量；			
	5. 是否制定了各项风险的管理优先顺序和策略；是否建立了风险变化信息的动态量化管理机制，定期实施风险评估修正，并对新出现的风险和原有风险的重大变化进行及时评估和监测记录；……			

审计说明：

审计结论：

（五）风险应对措施的适当性和有效性

依据风险评估结果制定的风险应对策略主要包括回避、接受、降低和分担。需关注风险应对策略是否与企业的经营和管理特点相契合，包括制定相应的应对措施和整体策略的适宜性,以及风险应对策略的可行性;是否建立了与风险应对策略相关的信息沟通渠道,确保风险管理信息沟通的及时性、准确性和完整性;是否定期对风险管理的有效性进行检验,并对存在的不足及时进行改进;风险管理职能部门是否定期对各部门和业务单位的风险管理工作执行情况及有效性进行检查和评估,并提出相应的调整或改进建议。同时,需关注采取风险应对策略后剩余的风险水平是否在企业可接受的范围内;关注采取风险应对策略对成本效益的影响,是否进行了成本效益的评估与衡量等。

具体底稿编制可参见示例 5-50:风险应对措施的适当性和有效性情况审核表。

【示例 5-50】风险应对措施的适当性和有效性情况审核表如表 5-50 所示。

表 5-50　　　　　　风险应对措施的适当性和有效性情况审核表

被审计企业:			
被审计企业主要领导人员:	编制人:	日期:	索引号:
审计期间:	复核人:	日期:	页次:
主要内容	重点关注	审核情况	备注
风险应对措施的适当性和有效性	1. 关注风险应对措施是否适合企业的经营管理特点,包括制订相应的应对措施和整体策略的适当性,风险应对措施的可行性等;		
	2. 是否建立与风险应对措施相关的信息沟通渠道,保证风险管理信息沟通的及时、准确和完整;		
	3. 是否定期对风险管理的有效性进行检验,对存在的缺陷是否及时改进;		
	4. 风险管理职能部门是否定期对各部门和业务单位风险管理工作实施情况和有效性进行检查和检验,并提出调整或改进建议;		

续表

主要内容	重点关注	审核情况	备注
风险应对措施的适当性和有效性	5. 关注采取风险应对措施之后的剩余风险水平是否在单位可以接受的范围之内；关注采取风险应对措施对成本效益的影响，是否进行成本效益考核与衡量等； ……		

审计说明：

审计结论：

七、企业境外资产管理情况审计

针对企业境外资产管理情况的审计，主要聚焦于被审计企业主要领导人员对《中央企业境外国有资产监督管理暂行办法》《中央企业境外投资监督管理办法》等相关国家规章制度的执行情况。此举旨在推动境外投资及资产管理的规范化，确保境外资产的安全、完整以及价值的保持与增长，进而保障国家及中央企业的战略决策在境外经营活动中的有效实施。

（一）境外出资管理情况

1. 需关注是否建立了完善的境外出资管理制度，境外出资是否遵循法律法规、行政法规、国有资产监督管理相关规定以及所在国家（地区）的法律，是否与国民经济和社会发展规划及产业政策相符，是否与国有经济布局和结构调整方向一致，是否与中央企业发展战略和规划相契合。

2. 需关注境外出资是否进行了详尽的可行性研究和尽职调查，是否评估了企业的财务承受能力和经营管理能力，是否采取了适当措施以防范经营、管理、资金、法律等风险，是否存在违规在境外设立承担无限责任经营实体的情形。

3. 需关注境外出资所形成的产权是否由中央企业或其各级子企业持

有，若根据境外相关法律规定必须以个人名义持有，则是否统一由中央企业依据相关规定决定或批准，依法办理委托出资、代持等保全国有资产的法律手续，并以书面形式向国资委等主管部门报告。

具体底稿编制可参见示例5-51：境外出资管理情况审核表。

【示例5-51】境外出资管理情况审核表如表5-51所示。

表5-51　　　　　　　　境外出资管理情况审核表

被审计企业：		编制人：	日期：	索引号：
被审计企业主要领导人员：				
审计期间：		复核人：	日期：	页次：
主要内容	重点关注	审核情况		备注
境外出资管理情况	1. 是否建立健全境外出资管理制度，境外出资是否遵循法律、行政法规、国有资产监督管理有关规定和所在国（地区）法律，是否符合国民经济和社会发展规划及产业政策，是否符合国有经济布局和结构调整方向，是否符合中央企业发展战略和规划；			
	2. 境外出资是否进行了可行性研究和尽职调查，是否评估了企业财务承受能力和经营管理能力，是否采取了必要的措施来防范经营、管理、资金、法律等风险，是否存在违规在境外设立承担无限责任经营实体的情形；			
	3. 境外出资形成的产权是否由中央企业或者其各级子企业持有，根据境外相关法律规定须以个人名义持有的，是否统一由中央企业依据有关规定决定或者批准，依法办理委托出资、代持等保全国有资产的法律手续，并以书面形式报告国资委；			
	……			

审计说明：

审计结论：

(二) 境外机构及资产管理情况

1. 需关注境外机构是否已构建完善的法人治理结构，资产分类管理制度及内部控制机制是否健全且有效。必须依照相关规定，建立健全境外国有产权管理制度，明确责任机构及工作职责。定期进行资产清查，强化风险管理。

2. 需关注境外机构是否已建立全面的法律风险防范机制，严格执行重大决策、合同的审核与管理程序，避免因盲目开展境外业务而导致损失或风险。

3. 需关注境外资产的兼并重组、股权转让等重要事项是否经过社会中介机构评估，并获得国有资产管理机关的批准确认。检查是否存在未按规定对拟收购的海外资产进行评估，或在评估过程中故意隐瞒风险。同时，需关注境外机构在出售、出让海外股权、资产时，是否存在将国有资产低价折股、低价出售，导致国有资产流失等问题。

4. 需关注是否已建立完善的离岸公司管理制度，规范离岸公司设立程序，并建立离岸公司资金管理相关制度。同时，需关注是否存在利用离岸公司导致国有资产流失的情况。

5. 需关注境外机构是否已纳入全面预算管理体系，境外企业年度预算目标是否明确，是否及时掌握境外企业预算执行情况。

6. 需关注境外机构资金管理情况，明确资金使用管理权限，严格执行境外机构主要负责人与财务负责人联签制度，确保大额资金支出和调度符合中央企业规定的审批程序和权限。检查相关制度是否得到严格执行，是否存在因机制、体制不完善，导致制度未得到严格执行而造成国有资产流失等问题。同时，需建立境外大额资金调度管控制度，对境外临时资金集中账户的资金运作实施严格审批和监督检查，并定期向国资委报告境外大额资金的管理和运作情况。

7. 需关注是否依法建立健全境外机构重大事项管理制度和报告制度。境外机构相关重大事项是否按照法定程序报中央企业总部核准，对有重大影响的突发事件是否及时向国资委、中央企业总部报告。

8. 需关注是否定期对境外机构经营管理、内部控制、会计信息以及国有资产运营等情况进行监督检查，是否建立境外机构生产经营和财务状况信息报告制度，是否按照规定向国资委报告有关境外机构财产状况，生产经营状况和境外国有资产总量、结构、变动、收益等情况。

具体底稿编制可参见示例 5 – 52：境外机构及资产管理情况审核表。

【示例 5 – 52】境外机构及资产管理情况审核表如表 5 – 52 所示。

表 5 – 52　　　　　　　　境外机构及资产管理情况审核表

被审计企业：			
被审计企业主要领导人员：	编制人：	日期：	索引号：
审计期间：	复核人：	日期：	页次：

主要内容	重点关注	审核情况	备注
境外机构及资产管理情况	1. 境外机构是否建立完善的法人治理结构，资产分类管理制度和内部控制机制是否健全有效。是否依据有关规定建立健全境外国有产权管理制度，明确负责机构和工作责任。是否定期开展资产清查，加强风险管理；		
	2. 境外机构是否建立健全法律风险防范机制，严格执行重大决策、合同的审核与管理程序，是否存在盲目开展境外业务造成损失或者风险；		
	3. 境外资产兼并重组、股权转让等事项是否经过社会中介机构评估和国有资产管理机关批准确认，是否存在未按规定对拟收购的海外资产进行评估，或在评估中故意隐瞒风险，境外机构出售、出让海外股权、资产时，是否存在将国有资产低价折股、低价出售，造成国有资产流失等问题；		

续表

主要内容	重点关注	审核情况	备注
境外机构及资产管理情况	4. 是否建立健全离岸公司管理制度，是否规范离岸公司设立程序，建立离岸公司资金管理相关制度。关注是否存在利用离岸公司造成国有资产流失的情况；		
	5. 是否将境外机构纳入全面预算管理体系，境外企业年度预算目标是否明确，是否及时掌握境外企业预算执行情况；		
	6. 境外机构资金管理情况，是否明确资金使用管理权限，是否严格执行境外机构主要负责人与财务负责人联签制度，大额资金支出和调度是否符合中央企业规定的审批程序和权限，相关制度是否得到严格执行，是否存在由于机制、体制不完善，制度没有得到严格执行而造成国有资产流失等问题。是否建立境外大额资金调度管控制度，对境外临时资金集中账户的资金运作实施严格审批和监督检查，定期向国资委报告境外大额资金的管理和运作情况；		
	7. 是否依法建立健全境外机构重大事项管理制度和报告制度。境外机构相关重大事项是否按照法定程序报中央企业总部核准，对有重大影响的突发事件是否及时向国资委、中央企业总部报告；		
	8. 是否定期对境外机构经营管理、内部控制、会计信息以及国有资产运营等情况进行监督检查，是否建立境外机构生产经营和财务状况信息报告制度，是否按照规定向国资委报告有关境外机构财产状况，生产经营状况和境外国有资产总量、结构、变动、收益等情况；		
	……		

续表

| 审计说明: |
| 审计结论: |

(三) 境外投资管理情况

1. 需关注被审计企业是否结合实际情况，建立了完善的境外投资管理制度。该制度应涵盖境外投资的基本原则、管理流程、管理部门及其职责、投资决策程序、决策机构及其职责、投资项目负面清单、风险控制机制、违规投资责任追究机制，以及境外投资活动的授权、监督与管理等相关制度。

2. 需关注境外投资负面清单的管理情况，是否在国资委发布的中央企业境外投资项目负面清单基础上，结合企业实际情况，制定了更为严格和具体的境外投资项目负面清单。

3. 需关注是否制定了明确的国际化经营规划，明确中长期国际化经营的重点区域、重点领域和重点项目。

4. 需关注是否根据经国资委确认的主业，选择和确定境外投资项目，是否存在违规在境外从事非主业投资的情况。

5. 需关注是否对境外投资项目的融资、投资、管理、退出全过程进行了全面的研究和论证。对于境外新投资项目，是否充分利用了国内外中介机构的专业服务，是否进行了技术、市场、财务和法律等方面的可行性研究与论证。对于股权类投资项目，是否开展了必要的尽职调查，是否按照要求执行了资产评估或估值程序。是否存在违规决策或未经充分论证评估、项目管控不力或执行不严等情况，导致投资损失或风险。

6. 需关注是否定期对实施和运营中的境外投资项目进行跟踪分析。是否建立了境外投资项目阶段评价和过程问责制度，是否对境外重大投资项目的阶段性进展情况进行了评价，是否对违规违纪行为实施了追责。

具体底稿编制可参见示例 5-53：境外投资管理情况审核表。

【示例 5-53】 境外投资管理情况审核表如表 5-53 所示。

表 5-53　　　　　　　　　　境外投资管理情况审核表

被审计企业：		编制人：	日期：	索引号：
被审计企业主要领导人员：				
审计期间：		复核人：	日期：	页次：
主要内容	重点关注	审核情况		备注
境外投资管理情况	1. 是否结合被审计企业实际，建立健全境外投资管理制度，包括境外投资基本原则、投资管理流程、管理部门及相关职责、投资决策程序、决策机构及其职责、投资项目负面清单制度、风险管控制度、违规投资责任追究制度、境外投资活动的授权、监督与管理制度等；			
	2. 境外投资负面清单管理情况，是否在国资委发布的中央企业境外投资项目负面清单基础上，结合企业实际，制定更为严格、具体的境外投资项目负面清单；			
	3. 是否制定清晰的国际化经营规划，明确中长期国际化经营的重点区域、重点领域和重点项目；			
	4. 是否按照经国资委确认的主业，选择、确定境外投资项目，是否存在违规在境外从事非主业投资的情况；			
	5. 是否对境外投资项目的融资、投资、管理、退出全过程进行研究论证。对于境外新投资项目，是否充分借助国内外中介机构的专业服务，是否进行技术、市场、财务和法律等方面的可行性研究与论证。股权类投资项目是否开展必要的尽职调查，是否按要求履行资产评估或估值程序。是否存在违规决策或未经充分论证评估、项目管控不力或执行不严等情况，造成投资损失或风险；			

续表

主要内容	重点关注	审核情况	备注
境外投资管理情况	6. 是否定期对实施、运营中的境外投资项目进行跟踪分析。是否建立境外投资项目阶段评价和过程问责制度，对境外重大投资项目的阶段性进展情况开展评价，是否对违规违纪行为实施追责；		
	……		

审计说明：

审计结论：

八、企业生态环境保护情况审计

自然资源资产管理和生态环境保护情况审计旨在检查并评价被审计企业主要领导人员在任期内履行自然资源资产管理和生态环境保护职责的情况。该审计工作涉及对中央相关方针政策和决策部署的贯彻执行、相关法律法规的遵守、重大决策的实施、目标的完成、监督责任的履行、资金征管和项目建设运行的组织，以及其他相关责任的履行情况进行综合评估。

（一）贯彻执行中央生态文明建设方针政策和决策部署方面

1. 关于生态文明体制改革任务的推进与执行情况。重点审查自然资源资产确权登记、主体功能区规划、国家公园体制、多规合一等关键改革任务的推进与执行情况，包括是否出现被审计企业主要领导人员及其所在单位未对所承担的改革任务进行部署或执行；是否采取了有效措施以推进所承担的改革任务，但任务完成时间晚于预定计划；是否在推进改革任务过程中监督和检查不足；是否对上报的改革任务总结性材料审核不严，导致相关情况与实际情况存在较大偏差，甚至出现造假行为。

2. 关于国家自然资源资产管理和生态环境保护重大战略的实施情况。

重点审查国家在生态环境保护方面的战略发展规划，以及长江经济带、京津冀协同发展、"一带一路"、粤港澳大湾区建设、长三角一体化发展等重大战略规划中关于资源环境的要求是否得到执行，包括被审计企业主要领导人员是否对中央领导同志或上级领导关于资源环境问题的指示、批示执行不力；国家重大战略规划中关于资源环境的限制性要求是否遭到突破。

3. 关于生态文明建设领域推进供给侧结构性改革、"三去一降一补"的实施情况。关注去产能等相关供给侧结构性改革政策是否得到充分执行，包括承诺的去产能目标是否实现；上报的去产能任务是否存在虚假报告，是否存在履职不充分的情况；在去产能过程中是否妥善处理职工安置和社会稳定工作等。

4. 关于生态文明建设、绿色发展考核在经济社会发展中的作用效果情况。审查经济社会发展考核中关于生态文明建设、绿色发展方面的权重是否符合国家的要求和规定。

(二) 遵守自然资源资产相关法律法规情况

1. 关于自然资源资产制度建设的状况。审计并评估被审计企业所制定的制度与规划是否遵循资源环境法律法规及其有效性与及时性。

2. 关于制定、批准及审批自然资源开发利用与生态环境保护规划（计划）的状况。审计并评估自然资源开发利用与生态环境保护规划（计划）的编制是否有效、及时，包括是否依照国家相关法律、法规或程序制定自然资源管理、生态环境保护的规划、计划；所制定的规划、计划是否符合国家相关规定或适应当地实际情况。

3. 相关重大经济活动或建设项目在遵守自然资源资产管理和生态环境保护法律法规方面的状况。具体涵盖：

(1) 审查和评价重大经济活动是否遵守相关法律法规。是否存在被审计企业主要领导人员个人决定、主持会议研究决定或指使有关部门违规审批、出让自然资源资产使用权的情况；是否存在违规以自然资源资产出资进行合作的情况；是否存在违规以自然资源资产出资进行租赁经营、抵押贷款、担保或偿还债务等重大资本运作事项的情况。

（2）审查和评价重大建设项目是否遵守相关法律法规。是否存在违规批准不符合生态环境保护和资源开发利用方面政策法规的建设项目的情况；是否存在越权审批或化整为零审批重大建设项目的情况；是否存在重大建设项目未取得生态环境和自然资源等相关审批手续前即批准开工建设情况；是否存在违规批准不符合生态环境保护和资源开发利用方面政策、法律法规的重大建设项目投产（使用）等情况。

（三）审查和评价重大决策的制定程序和内容是否符合相关规定

1. 关注经被审计企业主要领导人员审批、审签同意的经济决策、资源环境决策等，是否严格执行主体功能区规划、土地规划、城乡规划等相关规划要求。

2. 关注经被审计企业主要领导人员审批、审签同意的资源环境相关规划、计划是否按照相关规定进行报批、审查或备案。

3. 关注由被审计企业主要领导人员签署或主持会议审议通过的资源环境相关规划、计划是否存在与其他相关规划、计划不衔接、不协调的情况。

4. 关注经被审计企业主要领导人员审批、审签通过的经济发展、资源开发利用相关规划是否存在应开展未开展规划环评工作的情况。

5. 关注有关重大投资项目是否应做未做或违规审批环评的情况。

6. 关注是否存在擅自放宽或选择性执行国家和地方重点生态功能区产业准入负面清单政策标准的情况；是否存在违反重点生态功能区产业准入负面清单规定，未按期淘汰禁限类产业或未对限制类产业采取关停并转或技术改造升级措施的情况。

（四）完成自然资源资产管理和生态环境保护目标的情况

1. 关注自然资源资产管理和生态环境保护约束性指标管理体系的建设及运行状况。

2. 关注约束性指标监测、统计数据的真实性情况。

3. 关注《大气污染防治行动计划》《水污染防治行动计划》《土壤污染防治行动计划》所确定的考核目标是否得以实现。

4. 关注其他考核目标，尤其是被审计企业主要领导人员签字承诺的与生态文明建设相关的考核目标的完成情况。

（五）履行自然资源资产管理和生态环境保护监督责任情况

1. 关注自然资源资产与生态环境监督管理的有效性。

2. 关注自然资源消耗上限、环境质量底线、生态保护红线等资源环境与生态管控的实施情况。

3. 关注资源环境承载能力监控预警机制的建立与运行状况。

4. 关注严重损毁自然资源资产和重大生态破坏、环境污染事件的预防与处置情况。

5. 关注以往年度中央相关专项督察、国家审计和专项考核检查等发现问题的督促整改情况。

（六）相关资金征收管理使用和项目建设运营情况

1. 关注自然资源资产管理和生态环境保护相关税费、有偿使用收入的征收管理以及分配状况。

2. 关注自然资源资产管理和生态环境保护资金的投入及其使用状况。

3. 关注重点项目和设施的建设运营状况。

4. 关注自然资源资产开发利用和生态环境保护信息系统建设的状况。

5. 关注用能权、排污权、碳排放权、用水权等管理状况。

九、落实有关党风廉政建设责任和遵守廉洁从业规定情况审计

在对国有企业主要领导人员进行经济责任审计时，应专注于经济活动

领域，重点审查其在任期内是否切实履行了党风廉政建设责任，以及是否严格遵守了中央八项规定及其实施细则和廉洁从业的相关规定。此举旨在确保被审计企业主要领导人员在行使权力时能够明确责任、勇于担当、接受监督，并在失职时承担相应的责任追究，从而贯彻全面从严治党的方针。

（一）落实党风廉政建设责任情况

1. 关于党风廉政建设责任制的建立与执行情况，需特别关注以下方面：

（1）是否贯彻党风廉政建设责任制，依据中共中央、国务院《关于实行党风廉政建设责任制的规定》，明确界定领导班子及领导人员在党风廉政建设中的职责。

（2）是否制定并执行党风廉政建设责任制的主体责任清单，构建起一级对一级负责、层层落实的责任传导体系。

（3）是否确立党风廉政建设责任制的检查考核机制，上级党委（党组）是否对下一级领导班子及领导人员执行党风廉政建设责任制的情况进行检查考核；考核结果是否在适当范围内进行通报，并对发现的问题进行督促整改；是否建立并完善检查考核结果的应用制度，将考核结果作为对领导班子综合评价和领导人员业绩评估、奖惩、选拔任用的关键依据。

（4）对于在党风廉政建设中领导不力，未能有效治理职责范围内明令禁止的不正之风的相关领导人员，是否实施责任追究并严肃处理，以推动反腐倡廉，确保全面从严治党的要求得到落实。

2. 关于履行党风廉政建设责任情况，需特别关注以下几点：

（1）是否全面承担起领导责任，强化对被审计企业业务活动及党建工作的领导，推动党的主张和重大决策转化为法律法规、政策政令和社会共识，确保党的理论和路线方针政策得到贯彻执行。

（2）是否坚持将党建工作与业务工作同步部署、同步落实、同步检查、同步考核。

（3）是否在自身职责范围内实践"四个亲自"，即亲自部署重要工作、亲自过问重大问题、亲自协调重点环节、亲自督办重要案件，致力于解决改革发展中的深层次问题，并勇于承担责任。若被审计企业主要领导人员担任单位副职，则需按照"一岗双责"的原则，督促相关部门严格遵循上级党委和所在单位党委的部署要求，确保职责范围内的党风廉政建设任务得到有效落实。

3. 关于加强党内监督情况。主要关注点包括：

（1）是否强化了对党内监督工作的领导，确保党风廉政建设重要情况通报和报告、谈话和诫勉、述职述廉、个人重大事项报告制度得到有效执行，从根本上预防和遏制腐败现象。

（2）是否构建了畅通无阻的信访举报渠道，对举报问题进行了认真调查核实，并对查实的违规违纪行为进行了严肃处理，同时追究了相关责任。

具体底稿编制可参见示例 5-54：落实党风廉政建设责任情况审核表。

【示例 5-54】落实党风廉政建设责任情况审核表如表 5-54 所示。

表 5-54　　　　　　落实党风廉政建设责任情况审核表

被审计企业：		编制人：	日期：	索引号：
被审计企业主要领导人员：				
审计期间：		复核人：	日期：	页次：
主要内容	重点关注	审核情况		备注
一、党风廉政建设责任制的建立和执行情况	1. 是否实行党风廉政建设责任制，按照中共中央、国务院《关于实行党风廉政建设责任制的规定》，明确领导班子、领导人员在党风廉政建设中的责任；			
	2. 是否制定党风廉政建设落实主体责任清单，建立一级抓一级，层层抓落实的责任传导机制；			

续表

主要内容	重点关注	审核情况	备注
一、党风廉政建设责任制的建立和执行情况	3. 是否建立党风廉政建设责任制的检查考核机制，上级党委（党组）是否对下一级领导班子、领导人员党风廉政建设责任制执行情况进行检查考核；检查考核情况是否在适当范围内通报，对发现的问题是否督促整改落实；是否建立和完善检查考核结果运用制度，并将考核结果作为对领导班子总体评价和领导人员业绩评定、奖励惩处、选拔任用的重要依据；		
	4. 是否对党风廉政建设领导不力，职责范围内明令禁止的不正之风得不到有效治理的相关领导人员进行责任追究并严肃查处，促进反腐倡廉，落实全面从严治党要求；		
	……		
二、履行党风廉政建设责任情况	1. 是否全面履行领导责任，加强对被审计企业业务工作和党建工作的领导，推动党的主张和重大决策转化为法律法规、政策政令和社会共识，确保党的理论和路线方针政策的贯彻落实；		
	2. 是否坚持党建工作和业务工作同部署、同落实、同检查、同考核；		
	3. 是否在职责范围内做到"四个亲自"，即重要工作亲自部署、重大问题亲自过问、重点环节亲自协调、重要案件亲自督办，努力解决改革发展中的深层次难题，敢于承担责任。若被审计企业主要领导人员为单位副职，是否按照"一岗双责"的要求督促相关部门按照上级党委和所在单位党委的部署要求，认真抓好职责范围内党风廉政建设任务的落实；		
	……		

续表

主要内容	重点关注	审核情况	备注
三、加强党内监督情况	1. 是否加强对党内监督工作的领导,落实好党风廉政建设重要情况通报和报告、谈话和诫勉、述职述廉、个人重大事项报告制度,从源头上防治腐败;		
	2. 是否建立通畅的信访举报渠道,认真调查核实举报问题,对发现的违规违纪行为严肃查处并进行责任追究;……		

审计说明:

审计结论:

(二)个人遵守廉洁从业有关规定情况

1. 对中央"八项规定"精神及作风建设的违反情况。主要审查被审计企业主要领导人员是否违背中央八项规定及其实施细则精神,以及是否存在"四风"等问题。

2. 对廉洁纪律的违反情况。重点审查:

(1) 被审计企业主要领导人员是否存在违规经营企业、违规持股、违规兼职取酬、违规从事有偿中介活动。

(2) 被审计企业主要领导人员是否存在办公用房、用车及运行费用超标配备;乘坐交通工具超标;违反公务接待管理规定;以考察、学习、招商等名义变相使用公款出国(境)旅游;利用职权为配偶、子女等特定关系人谋取利益等行为。

(3) 其他违反廉洁纪律规定的行为。

具体底稿编制可参见示例 5-55:个人遵守廉洁从业有关规定情况审核表。

【示例 5-55】个人遵守廉洁从业有关规定情况审核表如表 5-55

所示。

表5-55　　　　　　　个人遵守廉洁从业有关规定情况审核表

被审计企业：		编制人：	日期：	索引号：
被审计企业主要领导人员：				
审计期间：		复核人：	日期：	页次：
主要内容	重点关注	审核情况		备注
一、违反中央"八项规定"精神和作风建设情况	1. 是否违反中央"八项规定"及其实施细则精神；			
	2. 是否存在"四风"等问题；			
	3. 是否厉行节约，落实过"紧日子"的要求；			
	4. 是否违规使用"三公"经费，是否在下属单位或其他单位列支"三公"经费；			
	5. 是否违规购买高档白酒；是否存在在食堂违规列支招待费、发放福利、套取资金等问题；			
	6. 是否存在违规发放津补贴、过节费的行为；			
	7. 是否存在违反领导干部廉洁从政准则的行为；			
	8. 是否存在退休领导干部兼职取酬情况；是否在下属单位违规任（兼）职取酬；			
	……			
二、违反廉洁纪律情况	1. 被审计企业主要领导人员是否违规经商办企业、违规持股、违规兼职取酬、违规从事有偿中介活动；			
	2. 被审计企业主要领导人员是否超标准配备办公用房、用车和运行费用；是否无偿使用单位宿舍和房屋；是否违规使用公务车；			

续表

主要内容	重点关注	审核情况	备注
二、违反廉洁纪律情况	3. 被审计企业主要领导人员是否超标准乘坐交通工具；是否在出差、出国等公务活动中超标准支出；		
	4. 被审计企业主要领导人员是否违反公务接待管理规定；是否存在违规公款职务消费行为；是否在单位报销应由个人负担的费用；		
	5. 被审计企业主要领导人员是否违规以考察、学习、招商等名义变相用公款出国（境）旅游；是否借公务之机外出旅游；		
	6. 被审计企业主要领导人员是否违规利用职权为配偶、子女等特定关系人谋取利益等；		
	7. 是否在下属单位或相关单位报销个人费用；		
	8. 是否存在违规领取津贴补贴的情况；……		

审计说明：

审计结论：

十、以往审计发现问题的整改情况

依据《关于完善审计制度若干重大问题的框架意见》及其配套文件等规定，企业主要领导人员在其任职期间应对以往年度审计中发现的问题，特别是前任遗留的问题进行严肃整改，避免出现"新官不理旧账"的现象。审计机关通常通过审查整改制度的建立、执行情况、措施的实施以及整改成效等方面,来评估企业主要领导人员及其所在单位对历史审计问题的整改效果,并进一步推动被审计企业对历史审计问题的整改工作。

(一)整改制度建立情况

在审计整改制度建立情况时,应着重考察被审计企业主要领导人员是否有效地推动了其所在单位的审计整改工作;是否已经制定或完善了整改管理制度,并且确保相关单位和部门(机构)的整改职责得到了明确界定。

(二)整改措施落实情况

在审计整改落实情况时,应着重考察被审计企业主要领导人员是否主导制订了整改方案或计划,并评估所采取措施的可行性;同时,需关注是否存在对已发现的问题整改不够重视或未进行有效部署的情况;此外,还应审查对措施执行情况是否进行了适当的监督和跟踪,以及是否存在执行不到位或执行不彻底的问题;被审计企业是否按照规定及时向内部审计机构或业务管理部门报告了整改进展;整改报告的内容是否客观、全面,并且是否严格依据整改完成的标准来确认整改状态,是否存在任意或虚假调整整改状态的情况。

(三)整改效果情况

对审计整改效果的审查,主要关注整改结果是否达到了整改方案或计划所设定的目标;整改效果是否经过了适当的评估程序;被审计企业是否因整改工作的执行不力而遭受了外部监管机构的负面评价;被审计企业是否建立了针对内部审计发现的问题的长效整改机制。

具体底稿编制可参见示例 5-56:以往审计发现问题的整改情况审核表及示例 5-57:以往审计发现问题的整改落实情况审核表。

【示例 5-56】以往审计发现问题的整改情况审核表如表 5-56 所示。

表 5-56　　　　　　　　以往审计发现问题的整改情况审核表

被审计企业：		编制人：	日期：	索引号：
被审计企业主要领导人员：				
审计期间：		复核人：	日期：	页次：
主要内容	重点关注	审核情况		备注
一、整改制度建立情况	1. 被审计企业主要领导人员对其所在单位的审计整改工作推动是否有力；			
	2. 是否制定或完善整改管理制度，制度中相关单位和部门（机构）整改职责是否明确；			
	……			
二、整改措施落实情况	1. 被审计企业主要领导人员是否牵头制订了整改方案或整改计划，制订的措施是否切实可行；			
	2. 是否存在对查出问题整改不重视、不部署的情况；			
	3. 对措施落实情况是否进行监督和跟踪，是否存在不落实或落实不彻底的现象；			
	4. 被审计企业是否按要求及时向内部审计机构或业务管理部门报告整改情况；			
	5. 整改报告内容是否客观、完整，是否严格按照整改完成标准确认整改状态，有无随意或虚假调整整改状态；			
	……			
三、整改效果情况	1. 整改结果是否实现整改方案或整改计划确定的目标；			
	2. 整改效果是否经过适当评估；			
	3. 被审计企业是否因整改工作不力而受到外部监管机构不良评价；			
	4. 被审计企业是否建立了内部审计发现问题整改长效机制等；			
	……			

续表

审计说明：

审计结论：

【示例 5-57】 以往审计发现问题的整改落实情况审核表如表 5-57 所示。

表 5-57　　　　　以往审计发现问题的整改落实情况审核表

被审计企业：				
被审计企业主要领导人员：		编制人：	日期：	索引号：
审计期间：		复核人：	日期：	页次：
序号	问题清单	整改落实情况		备注
1				
2				
3				
4				
5				

审计说明：

审计结论：

十一、其他需要审计的内容

实务中，根据被审计企业主要领导人员及被审计企业实际情况，以及委托方的要求，可以增加其他需要审计的内容。

在审计实践中，其他需要审计内容的工作底稿可参考示例 5-58。

【示例 5-58】 ×××××××事项审核表如表5-58所示。

表5-58　　　　　　　×××××××事项审核表

被审计企业：		编制人：	日期：	索引号：
被审计企业主要领导人员：				
审计期间：		复核人：	日期：	页次：

序号	审查内容	审查情况说明	备注
1			
2			
3			
4			
5			

审计说明：

审计结论：

在实际操作中，注册会计师在对上述审计内容执行进一步审计程序后，应对审计过程中识别的问题，以取证单的形式予以确认。对于证据完备、问题明确、思路清晰的审计事项，应尽可能实现一事一证，以便于问题的定性和定量处理。影响的金额应明确且精确，定性问题应符合相关法规，以便于编制审计工作底稿和在审计报告中适当披露；对于审计事项较为复杂或获取的审计证据数量较多的情况，可以对审计证据进行汇总分析，并编制审计取证单，由证据提供者进行签名或盖章。具体的底稿编制可参照示例5-59：审计取证单。

【示例5-59】审计取证单如表5-59所示。

表5-59　　　　　　　　　　审计取证单

第　页（共　页）

项目名称	
被审计（调查）单位或个人	

续表

审计（调查）事项	
审计（调查）事项摘要	（说明：1. 被审计企业违纪违规问题发生的时间；2. 违纪违规的主要事实；违纪违规的金额；要核实事实的背景、过程、结果等；3. 审计问题定性和结论。不符合"引用文件"的规定。）
审计人员		编制日期	
证据提供单位意见	
证据提供单位负责人（签名）		日期	

附件：　　　页

第六章

审计完成工作

审计完成工作不仅是形成最终审计结论和编制详尽审计报告的核心阶段，而且是促进被审计企业在管理上进行改进、提高其透明度以及明确相关责任的关键步骤。这一阶段的主要工作内容包括对收集的审计证据进行整理和评价，全面评估潜在问题风险，对审计工作底稿进行复核，形成审计意见，编制内容全面的审计报告。

一、整理、评价审计证据

整理与评价审计证据对于形成审计意见及撰写审计报告至关重要。审计证据是注册会计师得出被审计企业主要领导人员经济责任审计结论及形成审计意见所依赖的信息，涵盖会计记录中所包含的被审计企业主要领导人员任期经济责任相关信息以及其他来源的信息。依据《中国注册会计师审计准则第1301号——审计证据》规定，注册会计师应根据具体情况设计并执行适当的审计程序，以确保获取充分且适当的审计证据。在形成审计意见的过程中，获取与评估审计证据构成了注册会计师工作的主要部分。

审计证据本质上具有累积性，主要通过执行审计程序在审计过程中获得，也可能包含从其他渠道获取的信息，如先前审计或会计师事务所在客户关系及具体业务接受与维护过程中所获得的信息。除从被审计企业内外其他来源获取的信息外，会计记录也是审计证据的重要来源。在某些情况下,信息的缺失(如管理层拒绝提供注册会计师所要求的声明)本身也可构成审计证据,供注册会计师使用。

(一)评价审计证据的充分性和适当性

审计证据的充分性与适当性彼此关联。充分性涉及对审计证据数量的评估,注册会计师所需获取的审计证据量,受到其对重大错报风险评估的影响(评估的重大错报风险越高,所需审计证据可能越多),同时也受到审计证据质量的影响(审计证据质量越高,所需审计证据可能越少)。必须指出,单纯增加审计证据的数量并不能替代其质量上的不足。

审计证据的适当性是对审计证据质量的评估,即审计证据在支持审计意见所依据的结论方面所具备的相关性和可靠性。审计证据的可靠性受到其来源和性质的影响,并且取决于获取审计证据的具体环境。

(二)评价审计证据的相关性和可靠性

审计证据的质量受其相关性与可靠性的影响。所谓相关性,是指作为审计证据的信息与审计程序目标及考虑的相关认定之间存在逻辑上的联系。审计证据信息的可靠性以及证据本身的可靠性,受到其来源和性质的影响,并且与获取证据的环境有关,这包括与信息的编制和维护相关的控制。评估审计证据可靠性的基本原则包括:(1)从被审计企业外部独立来源获取的证据相较于其他来源的证据更为可靠;(2)在相关控制有效的情况下,内部生成的证据比控制薄弱时内部生成的证据更为可靠;(3)直接获取的证据比间接获取或推论得出的证据更为可靠;(4)以文件记录形式(包括纸质、电子或其他介质)存在的证据比口头形式的证据更为可靠;(5)从原件获取的证据比从复印、传真或通过拍摄、数字化或其他方式转化成电子形式的文件获取的证据更为可靠。

二、整理、汇总审计发现的问题

在执行了适当的审计程序之后,注册会计师应当对审计结果进行汇总,并对基于审计证据得出的结论进行评估,以判断其是否恰当。在形成结论的过程中,注册会计师需考虑以下因素:首先,是否已根据《中国注册会计师审计准则第 1231 号——针对评估的重大错报风险采取的应对措施》的规定,获取了充分且适当的审计证据;其次,依据《中国注册会计师审计准则第 1251 号——评价审计过程中识别出的错报》的规定,对未更正的违规事项单独或累积起来是否构成重大错报进行评价。在评估未更正违规事项是否构成重大错报时,注册会计师应综合考虑问题的性质、可能产生的后果及其影响等因素。

对于审计过程中发现的问题,注册会计师需对审计证据所证实的事项进行深入分析,并根据相关法规对问题的性质进行定性,进而提出相应的处理意见和建议。审计定性是审计工作中的关键步骤,其准确性直接关系到最终审计结果的质量。在进行审计定性时,必须确保引用的法规是现行有效,法律条款需具体明确,同时要清晰区分法律法规、部门规章及制度之间的层级关系,绝对不能引用那些没有法律效力的部门制度和规定。

针对国有企业主要领导人员经济责任审计,常见的审计问题定性依据可参见示例 6-1 至示例 6-15。

(一) 发展战略方面的问题

【示例 6-1】发展战略方面的问题如表 6-1 所示。

表 6-1　　　　　　　　　　发展战略方面的问题

序号	问题描述	制度依据
1	是否制定发展目标、战略规划,发展目标、战略规划是否科学合理,是否存在过于激进或脱离实际等问题。	《企业内部控制应用指引第 2 号——发展战略》第四条"企业应当在充分调查研究、科学分析预测和广泛征求意见的基础上制定发展目标……"、第五条"企业应当根据发展目标制定战略规划。战略规划应当明确发展的阶段性和发展程度,确定每个发展阶段的具体目标、工作任务和实施路径。"

续表

序号	问题描述	制度依据
2	是否根据发展战略制订年度工作计划，编制全面预算，并将年度目标分解、落实。	《企业内部控制应用指引第2号——发展战略》第八条"企业应当根据发展战略，制定年度工作计划，编制全面预算，将年度目标分解、落实；同时完善发展战略管理制度，确保发展战略有效实施。"
……	……	……

（二）"三重一大"及集体决策方面的问题

【示例6-2】"三重一大"及集体决策方面的问题如表6-2所示。

表6-2　　　　　　"三重一大"及集体决策方面的问题

序号	问题描述	制度依据
1	是否明确"三重一大"等重大事项清单标准、决策规则和程序。 是否存在"三重一大"制度与单位其他制度矛盾的问题。	《中国共产党国有企业基层组织工作条例（试行）》第十五条"……国有企业党委（党组）应当结合企业实际制定研究讨论的事项清单，厘清党委（党组）和董事会、监事会、经理层等其他治理主体的权责……" 《企业内部控制应用指引第1号——组织架构》第五条"企业的重大决策、重大事项、重要人事任免及大额资金支付业务等，应当按照规定的权限和程序实行集体决策审批或者联签制度。任何个人不得单独进行决策或者擅自改变集体决策意见。重大决策、重大事项、重要人事任免及大额资金支付业务的具体标准由企业自行确定。"
2	"三重一大"事项决策前是否经过调查研究、征求意见、专业评估、合法合规性审查和集体讨论等程序。	《关于进一步推进国有企业贯彻落实"三重一大"决策制度的意见》（中办发〔2010〕17号）"一、（二）'三重一大'事项坚持集体决策原则。国有企业应当健全会议事规则，明确'三重一大'事项的决策规则和程序……""三、（七）'三重一大'事项提交会议集体决策前应当认真调查研究，经过必要的研究论证程序，充分吸收各方面意见……"
3	决策事项是否提前告知参会决策人员，是否存在先执行、后补上会等集体决策程序倒置的问题。	《关于进一步推进国有企业贯彻落实"三重一大"决策制度的意见》（中办发〔2010〕17号）"三、（八）决策事项应当提前告知所有参与决策人员，并为所有参与决策人员提供相关材料。必要时，可事先听取反馈意见。"

续表

序号	问题描述	制度依据
4	是否存在"三重一大"事项未履行党委前置审核及董事会、经理层决策程序或决策程序倒置的问题。是否存在以个别征求意见、会签等方式作出决策的问题。	《关于进一步推进国有企业贯彻落实"三重一大"决策制度的意见》（中办发〔2010〕17号）"三、（九）党委（党组）、董事会、未设董事会的经理班子应当以会议的形式，对职责权限内的'三重一大'事项作出集体决策。不得以个别征求意见等方式作出决策。……"
5	是否存在重大事项集体决策会议决定的事项、过程、参与人及其意见、结论等内容记录不完整详细、未形成会议纪要、未存档备查的问题。	《关于进一步推进国有企业贯彻落实"三重一大"决策制度的意见》（中办发〔2010〕17号）"三、（十一）会议决定的事项、过程、参与人及其意见、结论等内容，应当完整、详细记录并存档备查。"
……	……	……

（三）公司治理及内部控制方面的问题

【示例6-3】公司治理及内部控制方面的问题如表6-3所示。

表6-3　　　　　　　公司治理及内部控制方面的问题

序号	问题描述	制度依据
1	公司治理是否规范，是否按照《中华人民共和国公司法》制定公司章程，明确董事会、监事会和经理层的职责权限、议事规则和工作程序。是否存在公司董事会、监事会人选不符合公司章程规定的问题。公司章程是否经由出资机构制定，或者由董事会制订报出资机构批准。	《中华人民共和国公司法》第五条"设立公司应当依法制定公司章程。公司章程对公司、股东、董事、监事、高级管理人员具有约束力。"、第四十六条"有限责任公司章程应当载明下列事项……（六）公司的机构及其产生办法、职权、议事规则……"及第九十五条"股份有限公司章程应当载明下列事项：……（七）董事会的组成、职权和议事规则；……（九）监事会的组成、职权和议事规则……" 《国有企业公司章程制定管理办法》第五条"国有企业公司章程一般应当包括但不限于以下主要内容……"、第十六条"国有独资公司章程由出资人机构负责制定，或者由董事会制订报出资人机构批准……"

续表

序号	问题描述	制度依据
2	是否将党建工作写入公司章程，明确党组织研究讨论是董事会、经理层决策重大问题的前置程序。是否存在以党政联系会议、董事会等代替分党组（党委）会的问题。是否存在党委会决策应由董事会、总经理办公会决策事项的问题。	《中国共产党国有企业基层组织工作条例（试行）》第十三条"国有企业应当将党建工作要求写入公司章程，写明党组织的职责权限、机构设置、运行机制、基础保障等重要事项，明确党组织研究讨论是董事会、经理层决策重大问题的前置程序，落实党组织在公司治理结构中的法定地位。"
3	内部管理制度是否健全，是否存在未制定内部控制制度或修订不及时的问题。是否存在管理制度同单位管理实际需要脱节问题。是否存在内部管理制度规定同国家相关制度规定不一致问题。是否存在单位管理制度间条款冲突问题。	《企业内部控制基本规范》（财会〔2008〕7号）第六条"企业应当根据有关法律法规、本规范及其配套办法，制定本企业的内部控制制度并组织实施。"
4	授权批准与业务经办、会计记录与财产保管、授权批准与监督检查等关键岗位是否实现不相容岗位相互分离，是否存在会计兼任出纳岗、出纳负责银行对账、资产实物管理和记账由一人兼任等问题。	《企业内部控制基本规范》（财会〔2008〕7号）第二十九条"不相容职务分离控制要求企业全面系统地分析、梳理业务流程中所涉及的不相容职务，实施相应的分离措施，形成各司其职、各负其责、相互制约的工作机制。"
……	……	……

（四）预算管理方面的问题

【示例6-4】预算管理方面的问题如表6-4所示。

表6-4　　　　　　　　　　预算管理方面的问题

序号	问题描述	制度依据
1	是否建立预算编制工作制度，在预算年度开始前编制全面预算草案。是否存在未编制预算或预算不健全，导致企业经营缺乏约束或盲目经营的问题。	《企业内部控制应用指引第15号——全面预算》第五条"企业应当建立和完善预算编制工作制度，明确编制依据、编制程序、编制方法等内容，确保预算编制依据合理、程序适当、方法科学，避免预算指标过高或过低。企业应当在预算年度开始前完成全面预算草案的编制工作。"
2	是否存在企业预算未经董事会审核、未按公司章程等规定履行内部审批程序的问题。	《企业内部控制应用指引第15号——全面预算》第八条"企业董事会审核全面预算草案，应当重点关注预算科学性和可行性，确保全面预算与企业发展战略、年度生产经营计划相协调。企业全面预算应当按照相关法律法规及企业章程的规定报经审议批准。批准后，应当以文件形式下达执行。"
3	是否严格执行预算，是否存在超预算、预算外支出未履行审批程序的问题。	《企业内部控制应用指引第15号——全面预算》第九条"企业应当加强对预算执行的管理，明确预算指标分解方式、预算执行审批权限和要求、预算执行情况报告等，落实预算执行责任制，确保预算刚性，严格预算执行。"、第十一条"企业应当根据全面预算管理要求，组织各项生产经营活动和投融资活动，严格预算执行和控制。企业应当加强资金收付业务的预算控制，及时组织资金收入，严格控制资金支出，调节资金收付平衡，防范支付风险。对于超预算或预算外的资金支付，应当实行严格的审批制度。……"
4	预算调整是否履行审批程序。	《企业内部控制应用指引第15号——全面预算》第十四条"企业批准下达的预算应当保持稳定，不得随意调整。由于市场环境、国家政策或不可抗力等客观因素，导致预算执行发生重大差异确需调整预算的，应当履行严格的审批程序。"
5	收到国有资本经营预算资金是否按规定及时计入实收资本，并办理国有产权登记。	《关于加强中央文化企业国有资本经营预算资金管理工作的通知》（财文资〔2015〕7号）"九、中央文化企业收到资本预算时，列作国有实收资本或股本。企业一个会计年度内多次收到资本预算的，可暂作资本公积，但应在次年履行相关程序转增国有实收资本或股本；发生增资扩股、改制上市等

续表

序号	问题描述	制度依据
5	收到国有资本经营预算资金是否按规定及时计入实收资本，并办理国有产权登记。	事项，应当及时转增；并在企业财务决算和会计师事务所审计报告报表附注中披露相关事项。企业在增加国有实收资本或股本后，应按照《中央文化企业国有资产产权登记管理暂行办法》（财文资〔2012〕16号）规定及时办理国有资产产权登记。"
6	是否按时推进国有资本经营预算执行，是否存在项目推进较慢，资金长期结转的问题。	《中央国有资本经营预算支出管理暂行办公》（财预〔2017〕32号）第二十三条"投资运营公司和中央企业应按规定用途使用资金。属于国有企业资本金注入的，应及时落实国有权益，并根据明确的支出投向和目标，及时开展国有资本投资运营活动，推进有关事项的实施。" 《关于加强中央文化企业国有资本经营预算资金管理工作的通知》（财文资〔2015〕7号）"十三、中央文化企业应加强资本预算执行管理，积极采取措施，提高预算执行工作水平，确保预算支出进度，充分发挥财政资金使用效益。"
7	是否及时、足额上缴国有资本收益。	《关于加强中央文化企业国有资本经营预算资金管理工作的通知》（财文资〔2015〕7号）"十二、中央文化企业应及时、足额上缴国有资本收益。国有控股、参股企业应及时召开股东大会对国有资本收益上缴事项形成决议。"
8	是否严格按规定支出国有资本经营预算资金，是否存在结余资金未交回财政的问题。	《国务院关于进一步完善国有资本经营预算制度的意见》（国发〔2024〕2号）"三、（六）加强支出管理。……费用性支出要严格按规定使用，结余资金主动交回财政。"
9	是否科学合理设置国有资本经营预算绩效目标及指标，按规定开展绩效评价工作。	《中央国有资本经营预算支出管理暂行办法》（财预〔2017〕32号）第三十五条"中央国有资本经营预算支出应当实施绩效管理，合理设绩效目标及指标，实行绩效执行监控，开展绩效评价，加强评价结果应用，提升预算资金使用效益。"
……	……	……

(五) 投融资管理方面的问题

【示例 6-5】投融资管理方面的问题如表 6-5 所示。

表 6-5　　　　　　　　　　　投融资管理方面的问题

序号	问题描述	制度依据
1	是否存在未进行科学论证、未编制可行性研究报告并全面评估风险的情况下，开展重大筹资、投资活动的问题。是否存在筹资决策不当，造成无效融资、筹资成本过高、债务危机等问题。是否存在投资决策失误，造成无法实现投资预期收益，产生投资损失的问题。	《企业内部控制应用指引第 6 号——资金活动》第六条 "企业应当对筹资方案进行科学论证，不得依据未经论证的方案开展筹资活动。重大筹资方案应当形成可行性研究报告，全面反映风险评估情况。企业可以根据实际需要，聘请具有相应资质的专业机构进行可行性研究"、第十三条 "企业应当加强对投资方案的可行性研究，重点对投资目标、规模、方式、资金来源、风险与收益等作出客观评价。企业根据实际需要，可以委托具备相应资质的专业机构进行可行性研究，提供独立的可行性研究报告。"
2	拥有子公司的企业是否建立科学的投资管控制度，通过合法有效的形式履行出资人职责，维护出资人权益。是否存在缺乏对子公司有效监管，未制定经济效益考核指标，子公司管理混乱、经营不善、无实质经营、长期亏损等问题。	《企业内部控制应用指引第 1 号——组织架构》第十条 "企业拥有子公司的，应当建立科学的投资管控制度，通过合法有效的形式履行出资人职责、维护出资人权益，重点关注子公司特别是异地、境外子公司的发展战略、年度财务预决算、重大投融资、重大担保、大额资金使用、主要资产处置、重要人事任免、内部控制体系建设等重要事项。"
……	……	……

(六) 采购管理方面的问题

【示例 6-6】采购管理方面的问题如表 6-6 所示。

表 6-6 采购管理方面的问题

序号	问题描述	制度依据
1	是否制定采购业务管理制度,明确采购各环节管理职责及审批权限并严格执行。	《企业内部控制应用指引第7号——采购业务》第四条"企业应当结合实际情况,全面梳理采购业务流程,完善采购业务相关管理制度……"
2	是否存在同类采购业务多头采购、分散采购,造成采购成本较高的问题。是否存在同一部门办理采购业务全过程的问题。	《企业内部控制应用指引第7号——采购业务》第五条"企业的采购业务应当集中,避免多头采购或分散采购,以提高采购业务效率,降低采购成本,堵塞管理漏洞。……企业除小额零星物资或服务外,不得安排同一机构办理采购业务全过程。"
3	是否明确需履行招标采购的大宗采购范围、标准等,是否存在应招标未招标、必须进行招标的项目化整为零或者以其他任何方式规避招标的问题。	《企业内部控制应用指引第7号——采购业务》第八条"企业应当根据市场情况和采购计划合理选择采购方式。大宗采购应当采用招标方式,合理确定招投标的范围、标准、实施程序和评标规则……"《中华人民共和国招标投标法》第四条"任何单位和个人不得将依法必须进行招标的项目化整为零或者以其他任何方式规避招标。"
4	招标采购是否存在未在中标通知书发出之日起三十日内签订合同问题。	《中华人民共和国招标投标法》第四十六条"招标人和中标人应当自中标通知书发出之日起三十日内,按照招标文件和中标人的投标文件订立书面合同……"
5	招标采购是否存在签订合同主要条款同招投标文件内容不一致的问题。	《中华人民共和国招标投标法实施条例》第五十七条"招标人和中标人应当依照招标投标法和本条例的规定签订书面合同,合同的标的、价款、质量、履行期限等主要条款应当与招标文件和中标人的投标文件的内容一致。招标人和中标人不得再行订立背离合同实质性内容的其他协议……"
6	是否建立采购验收制度,规范采购验收及付款审核等工作。	《企业内部控制应用指引第7号——采购业务》第十一条"企业应当建立严格的采购验收制度,确定检验方式,由专门的验收机构或验收人员对采购项目的品种、规格、数量、质量等相关内容进行验收,出具验收证明。涉及大宗和新、特物资采购的,还应进行专业测试……"

续表

序号	问题描述	制度依据
7	是否存在未经验收、未达到付款条件即支付款项的问题。	《企业内部控制应用指引第7号——采购业务》第十三条"企业应当加强采购付款的管理，完善付款流程，明确付款审核人的责任和权力，严格审核采购预算、合同、相关单据凭证、审批程序等相关内容，审核无误后按照合同规定及时办理付款……"
……	……	……

（七）销售管理方面的问题

【示例6-7】销售管理方面的问题如表6-7所示。

表6-7　　　　　　　　　销售管理方面的问题

序号	问题描述	制度依据
1	是否制定销售业务相关管理制度，规范销售行为。	《企业内部控制应用指引第9号——销售业务》第四条"企业应当结合实际情况，全面梳理销售业务流程，完善销售业务相关管理制度，确定适当的销售政策和策略，明确销售、发货、收款等环节的职责和审批权限，按照规定的权限和程序办理销售业务，定期检查分析销售过程中的薄弱环节，采取有效控制措施，确保实现销售目标。"
2	订立销售合同前，是否关注客户信用状况等，重大销售业务谈判是否吸收财务、法律等专业人员参加，并形成完整记录。	《企业内部控制应用指引第9号——销售业务》第六条"企业在销售合同订立前，应当与客户进行业务洽谈、磋商或谈判，关注客户信用状况、销售定价、结算方式等相关内容。重大的销售业务谈判应当吸收财会、法律等专业人员参加，并形成完整的书面记录。销售合同应当明确双方的权利和义务，审批人员应当对销售合同草案进行严格审核。重要的销售合同，应当征询法律顾问或专家的意见。"
3	是否建立应收款项管理制度，销售部门是否及时催收应收款项，催收记录是否妥善保管。	《企业内部控制应用指引第9号——销售业务》第十条"企业应当完善应收款项管理制度，严格考核，实行奖惩。销售部门负责应收款项的催收，催收记录（包括往来函电）应妥善保存；财会部门负责办理资金结算并监督款项回收。"

续表

序号	问题描述	制度依据
4	是否定期与客户核对应收账款、应收票据、预收账款等往来款项,是否及时处理应收款项坏账。	《企业内部控制应用指引第9号——销售业务》第十二条"……企业应当指定专人通过函证等方式,定期与客户核对应收账款、应收票据、预收账款等往来款项。企业应当加强应收款项坏账的管理。应收款项全部或部分无法收回的,应当查明原因,明确责任,并严格履行审批程序,按照国家统一的会计准则制度进行处理。"
……	……	……

(八) 资产管理方面的问题

【示例6-8】资产管理方面的问题如表6-8所示。

表6-8　　　　　　　资产管理方面的问题

序号	问题描述	制度依据
1	是否建立存货、固定资产、无形资产等管理制度,规范资产管理流程。	《企业内部控制应用指引第8号——资产管理》第四条"企业应当加强各项资产管理,全面梳理资产管理流程,及时发现资产管理中的薄弱环节,切实采取有效措施加以改进,并关注资产减值迹象,合理确认资产减值损失,不断提高企业资产管理水平。……"
2	是否详细记录存货入库、出库及库存情况。	《企业内部控制应用指引第8号——资产管理》第十条"企业仓储部门应当详细记录存货入库、出库及库存情况,做到存货记录与实际库存相符,并定期与财会部门、存货管理部门进行核对。"
3	是否制定固定资产目录,规范登记固定资产卡片;是否存在固定资产未粘贴标签的问题。	《企业内部控制应用指引第8号——资产管理》第十四条"企业应当制定固定资产目录,对每项固定资产进行编号,按照单项资产建立固定资产卡片,详细记录各项固定资产的来源、验收、使用地点、责任单位和责任人、运转、维修、改造、折旧、盘点等相关内容……"

续表

序号	问题描述	制度依据
4	是否定期对固定资产、存货等进行盘点、对账，是否形成规范的盘点表及盘点报告；是否存在资产闲置问题；是否及时处理盘盈盘亏资产；是否存在账实、账卡、账账不符的问题。	《企业内部控制应用指引第8号——资产管理》第十二条"企业应当建立存货盘点清查制度，结合本企业实际情况确定盘点周期、盘点流程等相关内容，核查存货数量，及时发现存货减值迹象。企业至少应当于每年年度终了开展全面盘点清查，盘点清查结果应当形成书面报告。盘点清查中发现的存货盘盈、盘亏、毁损、闲置以及需要报废的存货，应当查明原因，落实并追究责任，按照规定权限批准后处置"。第十八条"企业应当建立固定资产清查制度，至少每年进行全面清查。对固定资产清查中发现的问题，应当查明原因，追究责任，妥善处理……"
5	是否将品牌、商标、专利、专有技术、土地使用权等纳入无形资产管理。	《企业内部控制应用指引第8号——资产管理》第十九条"企业应当加强对品牌、商标、专利、专有技术、土地使用权等无形资产的管理，分类制定无形资产管理办法，落实无形资产管理责任制，促进无形资产有效利用，充分发挥无形资产对提升企业核心竞争力的作用。"
6	是否存在资产转让未履行内部决策审批程序，未在产权交易机构公开进行的问题。	《企业国有资产交易监督管理办法》第四十八条"企业一定金额以上的生产设备、房产、在建工程以及土地使用权、债权、知识产权等资产对外转让，应当按照企业内部管理制度履行相应决策程序后，在产权交易机构公开进行。涉及国家出资企业内部或特定行业的资产转让，确需在国有及国有控股、国有实际控制企业之间非公开转让的，由转让方逐级报国家出资企业审核批准。"
……	……	……

（九）工程项目管理方面的问题

【示例6-9】工程项目管理方面的问题如表6-9所示。

表6-9　　　　　　　　　　工程项目管理方面的问题

序号	问题描述	制度依据
1	是否建立工程项目管理制度，规范项目管理流程。	《企业内部控制应用指引第11号——工程项目》第四条"企业应当建立和完善工程项目各项管理制度，全面梳理各个环节可能存在的风险点，规范工程立项、招标、造价、建设、验收等环节的工作流程，明确相关部门和岗位的职责权限，做到可行性研究与决策、概预算编制与审核、项目实施与价款支付、竣工决算与审计等不相容职务相互分离，强化工程建设全过程的监控，确保工程项目的质量、进度和资金安全。"
2	项目立项是否编制可行性研究报告，是否存在可行性研究流于形式，造成项目未实现预期效益的问题。	《企业内部控制应用指引第11号——工程项目》第七条"企业应当按照规定的权限和程序对工程项目进行决策，决策过程应有完整的书面记录。重大工程项目的立项，应当报经董事会或类似权力机构集体审议批准。总会计师或分管会计工作的负责人应当参与项目决策。任何个人不得单独决策或者擅自改变集体决策意见。工程项目决策失误应当实行责任追究制度。"
3	项目施工前是否按有关法律法规办理相关许可手续。	《企业内部控制应用指引第11号——工程项目》第八条"企业应当在工程项目立项后、正式施工前，依法取得建设用地、城市规划、环境保护、安全、施工等方面的许可。"
4	项目初步设计和概预算编制及变更等程序是否规范，是否存在初步设计编制不科学、概预算与实际不符，造成项目投资失控的问题。	《企业内部控制应用指引第11号——工程项目》第十四条"企业应当加强工程造价管理，明确初步设计概算和施工图预算的编制方法，按照规定的权限和程序进行审核批准，确保概预算科学合理……"
5	项目概预算是否按规定的权限和程序审核批准后执行。	《企业内部控制应用指引第11号——工程项目》第十七条"企业应当组织工程、技术、财会等部门的相关专业人员或委托具有相应资质的中介机构对编制的概预算进行审核，重点审查编制依据、项目内容、工程量的计算、定额套用等是否真实、完整和准确。工程项目概预算按照规定的权限和程序审核批准后执行。"

续表

序号	问题描述	制度依据
6	项目建设中是否执行工程监理制度，是否存在未经监理人员签字使用安装工程物资、进行下一道工序施工、拨付工程价款、进行竣工验收等问题。	《企业内部控制应用指引第11号——工程项目》第二十条"企业应当实行严格的工程监理制度，委托经过招标确定的监理单位进行监理。工程监理单位应当依照国家法律法规及相关技术标准、设计文件和工程承包合同，对承包单位在施工质量、工期、进度、安全和资金使用等方面实施监督。工程监理人员应当具备良好的职业操守，客观公正地执行监理任务，发现工程施工不符合设计要求、施工技术标准和合同约定的，应当要求承包单位改正；发现工程设计不符合建筑工程质量标准或者合同约定的质量要求的，应当报告企业要求设计单位改正。未经工程监理人员签字，工程物资不得在工程上使用或者安装，不得进行下一道工序施工，不得拨付工程价款，不得进行竣工验收。"
7	项目建设中工程变更是否履行审批程序。	《企业内部控制应用指引第11号——工程项目》第二十二条"企业应当严格控制工程变更，确需变更的，应当按照规定的权限和程序进行审批。重大的项目变更应当按照项目决策和概预算控制的有关程序和要求重新履行审批手续。因工程变更等原因造成价款支付方式及金额发生变动的，应当提供完整的书面文件和其他相关资料，并对工程变更价款的支付进行严格审核。"
8	项目竣工后是否及时编制竣工决算，开展竣工决算审计，进行竣工验收。	《企业内部控制应用指引第11号——工程项目》第二十三条"企业收到承包单位的工程竣工报告后，应当及时编制竣工决算，开展竣工决算审计，组织设计、施工、监理等有关单位进行竣工验收。"
9	是否存在未实施竣工决算审计即办理竣工验收的问题。	《企业内部控制应用指引第11号——工程项目》第二十四条"……企业应当加强竣工决算审计，未实施竣工决算审计的工程项目，不得办理竣工验收手续。"
10	项目验收后是否及时办理资产交付使用手续。	《企业内部控制应用指引第12号——工程项目》第二十五条"……验收合格的工程项目，应当编制交付使用财产清单，及时办理交付使用手续。"

续表

序号	问题描述	制度依据
11	是否存在基建项目完工未按规定及时转增固定资产、计提折旧的问题。	《企业会计准则第4号——固定资产》应用指南"一、(二)已达到预定可使用状态但尚未办理竣工决算的固定资产,应当按照估计价值确定其成本,并计提折旧;待办理竣工决算后,再按实际成本调整原来的暂估价值,但不需要调整原来已计提的折旧额。"
12	是否按照国家档案管理有关规定,做好建设项目档案的管理,是否存在基建项目资料归档不完整、保管不当造成遗失的问题。	《企业内部控制应用指引第13号——工程项目》第二十六条"企业应当按照国家有关档案管理的规定,及时收集、整理工程建设各环节的文件资料,建立完整的工程项目档案。"
……	……	……

(十) 合同管理方面的问题

【示例6-10】合同管理方面的问题如表6-10所示。

表6-10　　　　　　　　合同管理方面的问题

序号	问题描述	制度依据
1	是否建立合同管理制度,确定合同归口管理部门,规范合同管理流程。	《企业内部控制应用指引第16号——合同管理》第四条"企业应当加强合同管理,确定合同归口管理部门,明确合同拟定、审批、执行等环节的程序和要求,定期检查和评价合同管理中的薄弱环节,采取相应控制措施,促进合同有效履行,切实维护企业的合法权益。"
2	是否对合同文本进行严格审核,合同主体、内容和形式是否合法,合同要素是否完整。重大合同是否组织相关部门审核,是否存在相关部门未形成一致意见即签订合同,造成合同无法履行等问题。	《企业内部控制应用指引第16号——合同管理》第七条"企业应当对合同文本进行严格审核,重点关注合同的主体、内容和形式是否合法,合同内容是否符合企业的经济利益,对方当事人是否具有履约能力,合同权利和义务、违约责任和争议解决条款是否明确等。企业对影响重大或法律关系复杂的合同文本,应当组织内部相关部门进行审核。相关部门提出不同意见的,应当认真分析研究,慎重对待,并准确无误地加以记录;必要时应对合同条款作出修改。内部相关部门应当认真履行职责。"

续表

序号	问题描述	制度依据
3	是否存在未经授权擅自以单位名义签订合同的问题；是否存在合同审批日期晚于合同签订日期、合同签订日期晚于合同执行日期的问题；是否存在合同签订未履行内部审批程序问题；是否存在未经法定代表人或授权代表签字、未签署日期等问题。	《企业内部控制应用指引第16号——合同管理》第八条"企业应当按照规定的权限和程序与对方当事人签署合同。正式对外订立的合同，应当由企业法定代表人或由其授权的代理人签名或加盖有关印章。授权签署合同的，应当签署授权委托书……"
4	是否建立合同专用章保管制度，规范合同专用章的管理使用。	《企业内部控制应用指引第16号——合同管理》第九条"企业应当建合同专用章保管制度。合同经编号、审批及企业法定代表人或由其授权的代理人签署后，方可加盖合同专用章。"
5	是否存在未按合同约定提前付款或延迟收款的问题；是否存在未按合同约定履行验收程序即付款的问题；是否存在比合同约定多结算合同款的情况。	《企业内部控制应用指引第16号——合同管理》第十四条"企业财会部门应当根据合同条款审核后办理结算业务。未按合同条款履约的，或应签订书面合同而未签订的，财会部门有权拒绝付款，并及时向企业有关负责人报告。"
6	合同归口管理部门是否加强合同登记的管理，合同信息登记记录是否完整。	《企业内部控制应用指引第16号——合同管理》第十五条"合同管理部门应当加强合同登记管理，充分利用信息化手段，定期对合同进行统计、分类和归档，详细登记合同的订立、履行和变更等情况，实行合同的全过程封闭管理。"
……	……	……

（十一）费用支出方面的问题

1. 薪酬管理方面的问题

【示例6-11】薪酬管理方面的问题如表6-11所示。

表 6-11　　　　　　　　　　薪酬管理方面的问题

序号	问题描述	制度依据
1	是否制定与业绩考核挂钩的薪酬制度。	《企业内部控制应用指引第 3 号——人力资源》第十一条"企业应当制定与业绩考核挂钩的薪酬制度,切实做到薪酬安排与员工贡献相协调,体现效率优先,兼顾公平。"
2	是否存在领导干部在所属企业兼职领取薪酬的问题。	《关于进一步规范党政领导干部在企业兼职（任职）问题的意见》（中组发〔2013〕18 号）第三条"按规定经批准在企业兼职的党政领导干部,不得在企业领取薪酬、奖金、津贴等报酬,不得获取股权和其他额外利益……"
3	是否制定津贴补贴制度,明确津贴补贴项目名称、适用范围、确定程序、发放标准等。	《关于做好国有企业津贴补贴和福利管理工作的通知》"一、加强津贴补贴管理。企业应按照国家法律和行政法规,党中央、国务院制定或批准的规范性文件以及本通知规定,结合实际制定完善津贴补贴制度。制度内容包括津贴补贴项目名称、适用范围、确定程序、发放标准、监督办法等……"
4	是否通过按标准报销、发放电话卡、代金券等方式在工资总额外变相发放津贴补贴。	《关于做好国有企业津贴补贴和福利管理工作的通知》"一、……企业津贴补贴统一纳入工资总额管理并在应付职工薪酬中列支,不得以代金券或按人按标准报销等形式在工资总额外变相设置或发放。"
5	是否制定福利制度,明确福利项目名称、适用范围、确定程序、发放标准等。	《关于做好国有企业津贴补贴和福利管理工作的通知》"二、规范福利管理。企业应按照国家规定并结合实际制定完善福利制度,明确福利项目名称、适用范围、确定程序、发放标准、监督办法等……"
6	是否存在未与员工签订并履行劳动合同、未足额缴纳员工社会保险,导致劳动纠纷的问题。	《企业内部控制应用指引第 4 号——社会责任》第十七条"企业应当与员工签订并履行劳动合同,遵循按劳分配、同工同酬的原则,建立科学的员工薪酬制度和激励机制,不得克扣或无故拖欠员工薪酬……"、第十八条"企业应当及时办理员工社会保险,足额缴纳社会保险费,保障员工依法享受社会保险待遇……"
……	……	……

2. 公务、商务接待费支出方面的问题

【示例 6-12】公务、商务接待费支出方面的问题如表 6-12 所示。

表 6-12　　公务、商务接待费支出方面的问题

序号	问题描述	制度依据
1	是否制定公务接待、商务招待管理制度，明确接待费用范围、标准及管理程序。是否存在超标准列支公务接待费、商务接待费的问题。	《党政机关国内公务接待管理规定》（中办发〔2013〕22号）第四条"各级党政机关公务接待管理部门应当结合当地实际，完善国内公务接待管理制度，制定国内公务接待标准……" 《国有企业商务招待管理规定》（国资发考分规〔2020〕20号）第七条"……企业应当根据所在地区实际情况，分级分档确定控制标准，并制定相应的实施细则。"
2	是否存在报销公务接待费无公函和接待清单的问题。	《党政机关国内公务接待管理规定》（中办发〔2013〕22号）第七条"……无公函的公务活动和来访人员一律不予接待。公务活动结束后，接待单位应当如实填写接待清单，并由相关负责人审签。接待清单包括接待对象的单位、姓名、职务和公务活动项目、时间、场所、费用等内容。"
3	是否存在报销商务宴请费无宴请清单的问题。	《国有企业商务招待管理规定》（国资发考分规〔2020〕20号）第九条"国有企业商务宴请应当严格执行清单制度，如实反映招待对象、招待费用等情况。不提供宴请清单的，费用不予报销。"
4	是否存在接待陪餐人数超标准，提供高档菜肴、香烟和高档酒水的问题。	《党政机关国内公务接待管理规定》（中办发〔2013〕22号）第十条"接待对象应当按照规定标准自行用餐，确因工作需要，接待单位可以安排工作餐一次，并严格控制陪餐人数。接待对象在10人以内的，陪餐人数不得超过3人；超过10人的，不得超过接待对象人数的三分之一。工作餐应当供应家常菜，不得提供鱼翅、燕窝等高档菜肴和用野生保护动物制作的菜肴，不得提供香烟和高档酒水，不得使用私人会所、高消费餐饮场所。"《国有企业商务招待管理规定》（国资发考分规〔2020〕20号）第七条"国有企业开展商务宴请，不得提供用野生保护动物制作的菜肴，不得提供鱼翅、燕窝等高档菜肴，每次人均最高不得超过600元（含酒水），不得提供高档酒水，白酒每500毫升、红酒每750毫升售价不得超过500元。"、第八条"接待对象5人（含）以内，陪餐人数可对等；接待对象超过5人的，超过部分陪餐人数原则上不超过接待对象的二分之一。"

续表

序号	问题描述	制度依据
5	是否存在超标准赠送纪念品的问题。	《国有企业商务招待管理规定》（国资发考分规〔2020〕20号）第十三条"国有企业因商务招待需赠送纪念品的，应当节约从简，以宣传企业形象、展示企业文化或体现地域文化等为主要内容，纪念品标准原则上每次人均不得超过600元。"、第十四条"严禁赠送现金、购物卡、会员卡、商业预付卡和各种有价证券、支付凭证、贵重物品以及名贵土特产等。"
6	是否实行纪念品清单制管理，是否存在赠送纪念品无审批、领用登记等问题。	《国有企业商务招待管理规定》（国资发考分规〔2020〕20号）第十五条"国有企业应当建立纪念品管理制度，规范纪念品订购、领用等审批程序，实行纪念品清单管理，如实反映纪念品赠送对象等情况。"
7	是否存在向所属单位转嫁接待费用的问题。	《党政机关国内公务接待管理规定》（中办发〔2013〕22号）第十二条"……禁止向下级单位及其他单位、企业、个人转嫁接待费用……"《国有企业商务招待管理规定》（国资发考分规〔2020〕20号）第二十七条"有下列行为之一的，予以严肃处理，并追究有关人员责任：……（六）向所出资企业等摊派或转嫁接待费用；……"
……	……	……

3. 因公出国（境）经费支出方面的问题

【示例6-13】因公出国（境）经费支出方面的问题如表6-13所示。

表6-13　　　　　　因公出国（境）经费支出方面的问题

序号	问题描述	制度依据
1	因公出国经费预算及出国计划编制是否合理，是否存在出国经费预算同出国计划不衔接的问题；是否存在超预算、无预算或未经审批安排出国团组的问题。	《因公临时出国经费管理办法》（财行〔2013〕516号）第四条"因公临时出国经费应当全部纳入预算管理……不得超预算或无预算安排出访团组。确有特殊需要的，按规定程序报批。"第五条"出访团组实行计划审批管理……各地区各部门各单位应当认真贯彻中央有关外事管理规定，科学制订年度因公临时出国计划，认真履行因公临时出国计划报批制度……"

续表

序号	问题描述	制度依据
2	是否存在超标准、超范围报销因公临时出国经费的问题；是否存在变相公款出国（境）旅游、擅自变更出国路线的问题；是否存在持因私护照出国执行公务的问题；是否存在向所属单位摊派或转嫁出国费用、接受企业资助的问题。	《因公临时出国经费管理办法》（财行〔2013〕516号）第六条"各地区各部门各单位应当严格执行各项经费开支标准，不得擅自突破，严禁接受或变相接受企事业单位资助，严禁向同级机关、下级机关、下属单位、企业、驻外机构等摊派或转嫁出访费用。"、第十六条"……各单位财务部门应当根据本办法制定本单位财务报销审批的具体规定，加强对因公临时出国团组的经费核销管理。……严格按照批准的出国团组人员、天数、路线、经费预算及开支标准核销经费，不得核销与出访任务无关的开支。"
……	……	

4. 公务用车经费支出方面的问题

【示例6-14】公务用车经费支出方面的问题如表6-14所示。

表6-14　　　　　　　公务用车经费支出方面的问题

序号	问题描述	制度依据
1	是否存在既为企业负责人配备公务用车，又发放公务交通补贴的问题。	《中央企业公务用车制度改革实施意见》（中车改〔2015〕36号）"三、（一）1.积极稳妥改革中央企业负责人公务交通保障方式。……中央企业主要负责人原则上通过配备公务用车保障履职需要；中央企业副职负责人可由企业根据实际情况确定公务交通保障方式。采取配备公务用车方式的，要严格执行中央以及有关部门关于公务用车配备的规定，不得发放任何形式的公务交通补贴。采取发放公务交通补贴方式的，要取消为企业负责人配备的公务用车，每月按标准发放公务交通补贴或者按年度计算的补贴标准内据实报销公务交通费用……"

续表

序号	问题描述	制度依据
2	是否对公务用车（含企业负责人用车）实现集中统一管理，建立登记制度，及时完整登记公用用车出行信息等。是否存在向所属企业调换、借用公务用车或转嫁公务用车相关费用的问题。	《中央企业公务用车制度改革实施意见》（中车改〔2015〕36号）"三、（二）1. 实行企业公务用车（含企业负责人公务用车，下同）集中统一管理。……完善公务用车使用管理程序，健全公务用车使用明细登记制度，确保每辆公务用车每次公务出行的详细信息有据可查。不得擅自增加公务用车数量，不得向子企业调换、借用公务用车及转嫁公务用车购置、租赁资金和运行费用。"
3	是否存在超标准购置公务用车的问题。	《中央企业公务用车制度改革实施意见》（中车改〔2015〕36号）"三、（二）2.……中央企业公务用车制度改革后保留的轿车型经营和业务保障用车配置标准原则上不高于中央企业副职负责人公务用车配置标准，新购置的轿车型经营和业务保障用车配置标准原则上要控制在购车价格18万元（不含车辆购置税，下同）以内、排气量1.8升（含）以下。商务车型经营和业务保障用车要控制在购车价格38万元以内、排气量3.0升（含）以下。……"《关于合理确定并严格规范中央企业负责人履职待遇、业务支出的意见》（中办发〔2014〕51号）"三、（一）……企业主要负责人公务用车配备（包括购置、租赁）标准为排气量2.5升（含）以下，购车价格（不含车辆购置税）在38万元以内……"
4	是否存在以租赁方式超标准配置公务用车的问题。	《中央企业公务用车制度改革实施意见》（中车改〔2015〕36号）"三、（二）3. 严格规范企业租赁公务用车管理。通过租赁公务用车保障中央企业负责人履职需要和企业日常经营业务的，视同配备公务用车进行管理。要严格按照本意见关于配备公务用车的规定控制租赁公务用车数量和标准，参照本地区同车型的市场租赁平均价格合理确定单车租赁价格，降低租赁费用。"
……	……	……

（十二）财务管理和会计核算方面的问题

【示例 6-15】财务管理和会计核算方面的问题如表 6-15 所示。

表 6-15　　　　　　　　财务管理和会计核算方面的问题

序号	问题描述	制度依据
1	是否建立成本控制体系及费用开支范围、标准和报销审批制度。费用报销范围、标准是否符合国家相关规定。是否存在费用报销未严格履行内部审批程序的问题，是否存在超标准、超范围报销费用的问题。是否存在超标准发放薪酬、津补贴及职工福利的问题。	《企业财务通则》第三十六条"企业应当建立成本控制系统，强化成本预算约束，推行质量成本控制办法，实行成本定额管理、全员管理和全过程控制"、第三十七条"企业实行费用归口、分级管理和预算控制，应当建立必要的费用开支范围、标准和报销审批制度。"
2	是否存在承担职工商业保险等应当由个人承担的支出问题。	《企业财务通则》第四十六条"企业不得承担属于个人的下列支出：（一）娱乐、健身、旅游、招待、购物、馈赠等支出。（二）购买商业保险、证券、股权、收藏品等支出。（三）个人行为导致的罚款、赔偿等支出。（四）购买住房、支付物业管理费等支出。（五）应由个人承担的其他支出。"
3	是否存在多确认收入、少确认成本费用，虚增当期利润的问题。是否存在以虚假经济事项"平进平出"，虚增收入成本的问题。是否存在收入成本确认时间不准确，未合理匹配，造成当期利润不实的问题。	《企业会计制度》第十一条"企业在会计核算时，应当遵循以下基本原则：（一）会计核算应当以实际发生的交易或事项为依据，如实反企业的财务状况、经营成果和现金流量。……（九）企业在进行会计核算时，收入与其成本、费用应当相互配比，同一会计期间内的各项收入和与其相关的成本、费用，应当在该会计期间内确认……"

续表

序号	问题描述	制度依据
4	是否建立各项资产损失、减值准备管理制度，明确计提标准。是否存在未按规定计提减值准备的问题。是否存在核销没有证据证明发生损失的资产的问题。是否存在随意变更资产损失、减值准备计提标准的问题。	《企业财务通则》第三十二条"企业应当建立各项资产损失或者减值准备管理制度。各项资产损失或者减值准备的计提标准，一经选用，不得随意变更。企业在制订计提标准时可以征询中介机构、有关专家的意见。对计提损失或者减值准备后的资产，企业应当落实监管责任。能够收回或者继续使用以及没有证据证明实际损失的资产，不得核销。"《企业会计制度》第五十三条"企业应当在期末分析各项应收款项的可收回性，并预计可能产生的坏账损失。对预计可能发生的坏账损失，计提坏账准备……"
5	发生资产损失是否及时核销。	《企业财务通则》第三十三条"企业发生的资产损失，应当及时予以核实、查清责任，追偿损失，按照规定程序处理。企业重组中清查出的资产损失，经批准后依次冲减未分配利润、盈余公积、资本公积和实收资本。"
……	……	……

三、对被审计企业主要领导人员的经济责任进行认定

针对被审计企业主要领导人员在任期内履行经济责任过程中出现的问题，审计组依据权责一致的原则，结合被审计企业主要领导人员的职责分配以及相关问题的历史背景、决策过程、性质、后果和被审计企业主要领导人员实际所发挥的作用等因素，依法依规、全面且客观地确定其应承担的责任。

（一）经济责任分类

按照《党政主要领导干部和国有企事业单位主要领导人员经济责任审计规定》，被审计企业主要领导人员对审计发现问题应承担的责任包括直

接责任和领导责任。

1. 直接责任。企业主要领导人员对履行经济责任过程中的下列行为应当承担直接责任：

（1）直接违反有关党内法规、法律法规、政策规定的。

（2）授意、指使、强令、纵容、包庇下属人员违反有关党内法规、法律法规、政策规定的。

（3）贯彻党和国家经济方针政策、决策部署不坚决不全面不到位，造成所在单位公共资金、国有资产、国有资源损失浪费，生态环境破坏，公共利益损害等后果的。

（4）未完成有关法律法规规章、政策措施、目标责任书等规定的企业主要领导人员作为第一责任人（负总责）事项，造成所在单位公共资金、国有资产、国有资源损失浪费，生态环境破坏，公共利益损害等后果的。

（5）未经民主决策程序或者民主决策时在多数人不同意的情况下，直接决定、批准、组织实施重大经济事项，造成所在单位公共资金、国有资产、国有资源损失浪费，生态环境破坏，公共利益损害等后果的。

（6）不履行或者不正确履行职责，对造成的后果起决定性作用的其他行为。

上述第（1）项情形中，"直接"是指被审计企业主要领导人员在履行经济责任过程中，个人直接决定，或者通过主持会议、传签文件、会签文件等方式进行集体研究，在决策过程中起决定性作用；"党内法规"是指党中央以及中央纪律检查委员会、中央各部门和省、自治区、直辖市党委制定的规范党组织的工作、活动和党员行为的党内规章制度的总称；"法律法规"是指我国现行有效的法律、行政法规、司法解释、地方性法规、地方政府规章和部门规章等；"政策规定"是指党政机关制定的关于处理党内和政府事务工作的文件，包括党中央、国务院、上级和本级党委、政府及其部门制定的规定、办法、准则以及行业的规范、条例等。

第（2）项情形中，是指被审计企业主要领导人员没有条款（1）所述的直接违反的行为，但下属人员直接违反了有关党内法规、法律法规、政策规定，且被审计企业主要领导人员存在授意、指使、强令、纵容、包庇情形的，被审计企业主要领导人员承担直接责任。其中，"授意"是指告知下属人员自己的意图，要求其照办；"指使"是指指挥、指使下属人员行事；"强令"是指用强制的方式命令下属人员行事；"纵容"是指对下属人员的错误行为不加制止，任其发展；"包庇"是指明知下属人员的错误行为而为其掩盖，或者帮助其隐匿、毁灭证据的行为。本项规定的情形，无论是否造成后果，均认定直接责任。

第（3）项情形中，"不坚决不全面不到位"是指被审计企业主要领导人员不重视、不部署或者未采取有效措施推进工作，导致贯彻落实党和国家决策部署不坚决不到位等问题。此情形需结合造成的公共资金、国有资产、国有资源损失浪费，生态环境破坏，公共利益损害等后果，才能认定为直接责任。实践中，要防止简单依据被审计企业主要领导人员及其所在单位是否及时召开会议、是否及时下发文件等形式上的措施来认定责任，而应依据其是否采取了提出明确要求、部署任务分工、确定阶段性目标等实质性的举措推进工作等情况进行认定。

第（4）项情形中，企业主要领导人员作为第一责任人（负总责）的目标责任事项主要包括：与上级党委政府或者相关部门签订的耕地保护，林地保护，粮食安全，脱贫攻坚，节能减排，淘汰落后产能，保障性住房，大气、水、土壤污染防治等目标责任事项。实践中，可以重点关注目标责任中的重要约束性指标任务的完成情况，关注是否因指标未完成造成后果。如对于未完成地区重要约束性指标造成水质未达到预期目标等后果，被审计企业主要领导人员应当承担直接责任。审计评价时，应当区分约束性指标和引导性、预期性指标，对于未完成引导性、预期性指标的情况，应当结合被审计企业主要领导人员采取的具体措施等情况，具体问题具体分析。

第（5）项情形中，"民主决策"包括但不限于会议、传签文件等集体决策形式。本款规定主要针对被审计企业主要领导人员违反规定程序进行决策的情形，包括应当经过民主决策未经过民主决策，或者民主决策时在多数人反对的情况下直接决策，此情形需结合造成的公共资金、国有资产、国有资源损失浪费，生态环境破坏，公共利益损害等后果，才能认定为直接责任。

第（6）项是兜底情形，对认定直接责任的情况作了引导性定义。

2. 领导责任。企业主要领导人员对履行经济责任过程中的下列行为应当承担领导责任：

（1）民主决策时，在多数人同意的情况下，决定、批准、组织实施重大经济事项，由于决策不当或者决策失误造成所在单位公共资金、国有资产、国有资源损失浪费，生态环境破坏，公共利益损害等后果的。

（2）违反单位内部管理规定造成所在单位公共资金、国有资产、国有资源损失浪费，生态环境破坏，公共利益损害等后果的。

（3）参与相关决策和工作时，没有发表明确的反对意见，相关决策和工作违反有关党内法规、法律法规、政策规定，或者造成所在单位公共资金、国有资产、国有资源损失浪费，生态环境破坏，公共利益损害等后果的。

（4）疏于监管，未及时发现和处理所管辖范围内本级或者下属单位违反有关党内法规、法律法规、政策规定的问题，造成所在单位公共资金、国有资产、国有资源损失浪费，生态环境破坏，公共利益损害等后果的。

（5）除直接责任外，不履行或者不正确履行职责，对造成的后果应当承担责任的其他行为。

上述第（1）项情形，规定在重大经济事项决策形式合规的情况下，因决策不当或者失误造成相关后果的，应认定被审计企业主要领导人员承担领导责任。

第（2）项情形，考虑到被审计企业内部管理规定的约束力明显低于有关党内法规、法律法规、政策规定，而且有时存在被审计企业自我加压，制定的内部管理规定严于国家标准，或者制定的制度不够科学严谨、操作性不强甚至不具操作性等情形。因此，明确审计发现违反内部管理规定的行为时，要结合造成的公共资金、国有资产、国有资源损失浪费，生态环境破坏、公共利益损害等后果来认定责任。对于违反内部管理规定性质恶劣、后果严重的行为，也不排除可以认定为直接责任。

第（3）项情形，主要适用于经济责任同步审计中的责任认定。明确被审计企业主要领导人员参与相关决策和工作时未发表明确的反对意见，相关决策和工作违规违纪违法或者造成相关后果，即可认定为领导责任。

第（4）项情形，主要规定被审计企业主要领导人员应履行而未履行监管职责，或者履行监管职责不到位，未及时发现和处理本级或者下一级单位的问题，但对于审计发现的三级及以下单位出现的普遍性、典型性、倾向性问题或者与被审计企业主要领导人员履行经济责任关联较大的事项，可参照此条认定被审计企业主要领导人员应承担的责任。

第（5）项是兜底情形，对认定为领导责任的情况作了引导性定义。

关于直接责任和领导责任的认定，《第2205号内部审计具体准则——经济责任审计》及其相关指南只是列举了一些常见和典型的情形，不可能穷尽所有情形，有的情形强调后果，有的情形不强调后果。所列举的"后果"，突出了对公共资金、国有资产、国有资源的影响，对于经济责任审计而言，造成的损失浪费后果可以不限于对被审计企业掌握的公共资金、国有资产、国有资源，而且"后果"也不限于损失浪费、生态环境破坏、公共利益损害、会计信息不实等相对直观、易于发现取证的情况，还包括造成的恶劣影响、潜在的经济损失浪费和风险隐患等相对隐蔽但直接影响到经济社会和本单位、被审计企业持续健康发展的情况。

实践中，经济责任审计要贯彻责任认定的基本原则，坚持从实际出发，注重精准性、有效性，不能简单地、机械地套用上述列举的情形，必须实事求是、审慎客观，具体问题具体分析。同时，认定责任时，对相同职务层次和相同类别企业主要领导人员，应注意保持责任认定原则的一致性和可比性。

（二）责任认定的原则

1. 权责一致原则。按照权责对等的原则，综合考虑相关问题的历史背景、决策过程、性质、后果和被审计企业主要领导人员实际所起的作用等实质性要件，界定责任，避免简单依据是否分管、是否开会、是否圈阅等形式要件认定责任。

2. 审慎客观原则。责任认定时要秉持审慎客观的态度，对需进行责任认定的问题做到证据确凿、事实清楚、依据准确。责任认定结果应有充分的审计证据支持。

3. 边界清晰原则。根据被审计企业主要领导人员履职范围、任职期间、履职过程和尽职要求确定其责任边界，并对责任范围内的审计发现问题进行责任认定。

4. 重要事项原则。在开展责任认定前，需要按照审计发现问题的重要性划分，确定应进行责任认定的有关事项，即应是由于被审计企业主要领导人员对其领导或直接分管的工作，不履行或者不正确履行经济责任，造成国家（单位）利益（资产）损失浪费等后果的，以及违反法律法规、国家（单位）有关规定等重要事项。对审计发现的非重要事项无需认定被审计企业主要领导人员应承担的责任。

5. 尽职免责原则。在区分主客观因素的前提下，确定被审计企业主要领导人员免责情形，包括被审计企业主要领导人员已履职尽职或不可抗力因素等情况下的免责。

（三）责任认定的证据获取

责任认定事项需与被审计企业主要领导人员履职内容密切相关。责任认定取证时应根据被审计企业主要领导人员的职责分工，充分考虑相关事项的历史背景、决策程序和实际决策过程等，以及是否签批文件、是否分管、是否参与特定事项的管理等情况。

责任认定的审计证据可以是会议纪要、签发文件、责任目标书、绩效考核结果、工作计划和总结、相关制度文件、相关事宜的签批意见及对相关人员的询问记录等能反映与被审计企业主要领导人员履行责任过程相关的记录。

注册会计师在收集和使用责任认定的证据材料时，可对获取的审计证据进行分类、筛选和汇总，如按证据的形成原因、当时的客观环境等进行归类，保证审计证据的相关性、可靠性和充分性。

（四）责任认定的注意事项

在确定被审计企业主要领导人员对审计发现问题应承担的责任时，注册会计师可依据单位对责任类别情形的有关规定进行区分，主要有以下几方面：

1. 区分任期内和非任期内的时间界限。从时间上区分前任后任的政绩、划清前任后任的责任，客观公正、实事求是地评价被审计企业主要领导人员任期内的经济责任。因前任的行为延续到本期才产生或造成的遗留问题，现任无管理过错的，应属于前任的责任，在认定时应剔除或附加说明。但也要防止"新官不理旧账"，对被审计企业主要领导人员在积极处理前任遗留问题、减少或防止扩大不良后果方面有失职问题的，审计仍然要予以揭示并认定责任。

2. 区分被审计企业主要领导人员个人决策和领导班子集体决策的界限。判断时应以会议纪要等决策性文件进行认定。对于由被审计企业主要领导人员主持相关会议讨论或者以文件传签等其他方式研究，在多数人同意的情况下，决定、批准、组织实施重大经济事项为集体决策，应由被审计企业主要领导人员承担领导责任；但上述事项是在多数人不同意的情况下由被审计企业主要领导人员决策的，应由被审计企业主要领导人员承担直接责任。

3. 区分主观原因和客观原因的界限。由于社会环境或不可抗力等客观原因造成的问题，在被审计企业主要领导人员尽职的情况下可予以免责。对由于被审计企业主要领导人员个人主观原因造成的问题，如决策失误等，原则上由被审计企业主要领导人员个人负责并认定其责任，其中对主观故意，如有意钻政策空子、弄虚作假谋取私利、贪污浪费等行为，应加重问责。为保护企业主要领导人员干事创业的积极性、主动性和创造性，对于符合决策程序、未从中谋取不正当利益、党章党规和法律法规无明令禁止、积极主动挽回损失和消除不良影响等情形，各单位可结合实际，确定免责或从轻定责标准和程序，对被审计企业主要领导人员予以免责或从轻定责。

四、对被审计企业主要领导人员进行审计评价

审计组根据被审计企业主要领导人员所任职务的职责要求，在审计查证或者认定事实的基础上，综合运用多种方法，坚持定性评价与定量评价相结合，依照有关党内法规、法律法规、政策规定、责任制考核目标等，在审计范围内，对被审计企业主要领导人员履行经济责任情况，作出客观公正、实事求是的评价。值得注意的是，经济责任审计不是对被审计企业主要领导人员所承担全部责任的评价，不能超越审计职责权限进行审计评价，而要聚焦被审计企业主要领导人员经济责任履行情况进行评价。

（一）审计评价应遵循的原则

1. 全面性原则。审计评价应全面反映被审计企业主要领导人员任职期间及职责范围内的经济责任履行情况。评价内容应包括任职期间履行经济责任的业绩、主要问题以及应承担的责任。

2. 重要性原则。审计评价应在充分了解被审计企业主要领导人员职责的前提下，根据问题的重要性水平，认定是否为被审计企业主要领导人员履职期间的问题。一般应重点考虑性质和金额足以影响评价结果的重要经济事项。

3. 客观性原则。审计评价应以法律法规、政策制度、责任目标等为依据，结合单位实际情况以及特定历史背景、宏观经济环境、国家方针政策等外部因素进行评价。

4. 相关性原则。审计评价应当围绕审计目标和审计内容，对被审计企业主要领导人员履行经济责任情况进行评价，做到"审计什么就评价什

么",与被审计企业主要领导人员履行经济责任情况无关的或超出审计范围的不应评价。

5. 审慎性原则。审计评价应在执行适当审计程序并获得充分审计证据的基础上得出。对于受审计手段所限未经审计核实或超过审计范围，以及评价依据不够明确、证据不够充分的事项不予评价，确需评价的，应持审慎态度，并如实表述。

（二）审计评价要做到"三个区分开来"

为保护企业主要领导人员干事创业的积极性、主动性、创造性，在实践中，应认真贯彻"三个区分开来"重要要求，把在推进改革中因缺乏经验、先行先试出现的失误和错误，同明知故犯的违纪违法行为区分开来；把上级尚无明确限制的探索性试验中的失误和错误，同上级明令禁止后依然我行我素的违纪违法行为区分开来；把为推动发展的无意过失，同为谋取私利的违纪违法行为区分开来。针对企业主要领导人员在改革创新中的失误和错误，审计评价应正确把握事业为上、实事求是、依纪依法、容纠并举等原则，经综合分析研判，可以免责或者从轻定责，鼓励探索创新，支持担当作为。推动建立健全激励与容错免责机制，做到有记录、可追溯、可检查，实事求是地作出审计评价，使审计结论经得起检验。

（三）评价标准的确定

评价依据是作出审计评价的参照标准。审计评价的一般依据包括：

1. 党内法规、法律法规、政策规定和中央领导批示指示精神。
2. 中央和地方党委、政府有关经济方针政策和决策部署。
3. 上级主管部门的相关制度和要求。
4. 被审计企业主要领导人员职责分工文件和责任制考核目标。
5. 国家和行业有关标准。
6. 被审计企业制定的重要发展战略规划、年度计划。
7. 相关会议记录、纪要、决议和决定，预算、决算、合同、内部管理制度。

8. 国家或行业相关职能管理部门和监管机构、主管部门发布或认可的统计数据、考核结果和评价意见。

9. 专业机构的意见、公认的业务惯例及良好实务等。

(四) 审计评价方法

审计评价应根据被审计企业主要领导人员的履职特点、岗位性质和实际需要等因素，选定适用的评价方法。采取纵向比较与横向比较、定性评价与定量评价、分项评价与总体评价相结合的方式进行。

1. 纵向比较与横向比较。纵向比较是将被审计企业主要领导人员任职期间不同时期数据或者审计时与上任时的有关数据进行比较分析；横向比较是将被审计企业主要领导人员任职期间数据与自然资源禀赋相近、岗位性质相似、行业性质相同的单位进行比较分析，将被审计企业主要领导人员履行经济责任的行为或者事项放到发生时的历史背景等客观环境下进行统筹考虑，辩证分析，审慎作出审计评价。通过纵向比较可以判断被审计企业主要领导人员就职后为其所在单位带来的增值影响或不利影响主要体现在哪些方面，从而确定被审计企业主要领导人员对其所在单位的主要贡献或工作失误情况；通过横向比较可以在同等管理环境中分析比较不同企业主要领导人员的业绩完成情况，便于对其工作的优劣进行较为客观的评价。

2. 定量评价与定性评价。定量评价主要通过分析与被审计企业主要领导人员经济责任履行情况相关的数量关系或所具备性质间的数量关系得出量化的评价结论；定性评价主要依靠审计人员的经验，依据相关法规规定、规则或常识，对被审计企业主要领导人员履行经济责任情况进行性质上的评价并得出定性结论。定量评价与定性评价之间的关系应该统一且相互补充，并相互结合、灵活运用，以取得最佳效果。

3. 评价指标的设置。评价指标设置应简明实用、易于操作，并且有准确、可靠的数据来源和支撑，相关评价指标应当与评价的具体内容和事项密切相关，能够反映被审计企业主要领导人员经济责任履行情况。实践中，要考虑不同类别、不同级次、不同单位企业主要领导人员履职特点、自然资源禀赋等实际情况，评价指标应各有侧重，还应根据发展要求及时调整。鉴于不同单位的性质、所属行业及被审计企业主要领导人员的岗位性质、履职特点差异较大，内部审计机构应结合被审计企业实际情况确定科学、适用的评价指标。对同一类别、同一层级企业主要领导人员履行经济责任情况的评价标准和指标，应具有一致性和可比性。当内外部环境等客观因素发生变化时，应适时调整评价指标。

4. 分项评价与总体评价。分项评价是对不同方面的审计内容分别进行评价，得出被审计企业主要领导人员相关方面履职情况的评价结论；总体评价是在对分项评价结果汇总分析的基础上，形成对被审计企业主要领导人员履行经济责任情况的总体评价结论。

审计评价可以写实评价，也可以在建立完善的审计评价指标体系的基础上，探索进行"好""较好""一般""较差"等分类评价。

五、整理、复核审计工作底稿

审计工作底稿是注册会计师记录其制订的审计计划、执行的审计程序、获取的审计证据以及得出的审计结论的文件。该底稿为注册会计师提供实现总体目标结论的基础证据，证明其遵循审计准则和相关法律法规规定进行审计工作的计划与执行。此外，审计工作底稿对于审计团队规划和执行审计工作具有辅助作用；有助于负责监督的审计团队成员依据《中国注册会计师审计准则第1121号——对财务报表审计实施的质量管理》履行指导、监督与复核审计工作的职责；便于审计团队阐述其执行审计工作的具体情况；保留对未来审计工作可能产生重大影响事项的记录；便于会计师事务所进行项目质量复核、其他项目复核以及质量管理体系中的监控活动；便于监管机构和注册会计师协会依据相关法律法规或其他相关要求，对会计师事务所进行执业质量检查。

(一) 完成阶段审计工作底稿编制

根据《中国注册会计师审计准则第 1131 号——审计工作底稿》的规定,注册会计师需及时编制审计工作底稿,详细记录所执行的审计程序及获取的审计证据。注册会计师所编制的审计工作底稿,应确保未参与该审计项目的有经验的专业人士能够清晰理解:依据审计准则及相关法律法规所实施的审计程序的性质、时间安排及范围;执行审计程序所得出的结果及所获取的审计证据;审计过程中遭遇的重大事项及所作出的结论,以及在形成结论时所进行的重大职业判断。

在审计实践中,完成审计工作的底稿编制主要包括:

(1) 审计工作完成情况核对表,可参见示例 6 - 16:审计工作完成情况核对表。

【示例 6 - 16】审计工作完成情况核对表如表 6 - 16 所示。

表 6 - 16 审计工作完成情况核对表

被审计企业:	编制人:	编制日期:	索引号:
被审计企业主要领导人员:			
审计期间:	复核人:	复核日期:	页次:
审计工作	是/否/不适用	核对情况	备注
1. 是否执行业务承接或保持的相关程序?			
2. 是否签订审计业务约定书?			
3. 是否制订总体审计策略和具体审计计划?			
4. 是否与委托方就计划的审计范围和时间安排的总体情况进行了沟通?			
5. 计划的审计程序是否得到执行?			
6. 审计范围是否受到限制?			
7. 是否已对被审计企业的内部控制情况进行了审核?			
8. 是否已对被审计企业账目进行了审核?			
9. 所有重要实物资产是否均已实施监盘?			
10. 被审计企业是否已按照审计需要提供完整的审计资料?			

续表

审计工作	是/否/不适用	核对情况	备注
11. 是否已取得经签署的承诺函？			
12. 审计中发现的重大问题是否已取得充分的审计证据？			
13. 被审计企业提供审计的相关资料是否已盖章确认？			
14. 是否将累积的所有问题与被审计企业和被审计企业主要领导人员进行及时沟通？			
15. 是否已取得被审计企业和被审计企业主要领导人员征询意见函？			
16. 是否已取得服务质量反馈卡？			
17. 是否完成审计总结？			
18. 项目经理是否已复核工作底稿？			

(2) 被审计企业征询意见函，可参见示例 6-17：被审计企业征询意见函。

【示例 6-17】被审计企业征询意见函。

被审计企业征询意见函

×××〔被审计企业主要领导人员所在单位〕：

我们接受×××〔委托方〕的委托，对贵单位××同志〔被审计企业主要领导人员姓名〕进行任职期间经济责任审计。现将审计报告送给你们征求意见。请在收到报告之日起十日内提出书面意见，送交审计组。如果在规定期限内没有提出书面意见，视为无意见。

附：审计报告（征求意见稿）

审计组长：×××

××××年××月××日

(3) 被审计企业主要领导人员征询意见函，可参见示例 6-18：被审计企业主要领导人员征询意见函。

【示例 6-18】被审计企业主要领导人员征询意见函。

被审计企业主要领导人员征询意见函

×××同志〔被审计企业主要领导人员姓名〕：

我们接受×××〔委托方〕的委托，对你××××年××月至××××年××月在〔被审计企业主要领导人员所在单位〕担任×××〔被审计企业主要领导人员的职务〕期间履行经济责任情况进行了审计。现将审计报告送给你本人征求意见。请在收到报告之日起十日内提出书面意见，送交审计组。如果在规定期限内没有提出书面意见，视为无意见。

附：审计报告（征求意见稿）

审计组长：×××

××××年××月××日

（二）审计工作底稿复核

会计师事务所须遵循《会计师事务所质量管理准则第 5101 号——业务质量管理》及《会计师事务所质量管理准则第 5102 号——项目质量复核》的规定，指派具备相应资格的项目质量复核人员，对审计团队作出的关键判断及其结论进行客观评估。

项目质量复核人员应在项目实施的各个阶段（包括计划、执行及报告阶段）适时审查业务工作底稿，确保相关问题能在报告日或之前得到迅速且满意的解决。例如，在计划阶段结束时，项目质量复核人员应对项目的总体策略和具体计划执行复核程序，及时进行项目质量复核也可加强审计团队在计划和执行项目过程中对职业判断和职业怀疑的运用。

在执行项目质量复核过程中,项目质量复核人员可能会发现审计团队未对某些预期需作出关键判断的领域进行判断,此时,项目质量复核人员可能需要获取审计团队执行程序和得出结论的进一步信息。在这种情况下,审计团队在与项目质量复核人员讨论后,可能认为有必要执行额外的程序。

依据《会计师事务所质量管理准则第 5102 号——项目质量复核》应用指南,项目质量复核的执行和完成通知可以通过多种方式记录于工作底稿中。例如,项目质量复核人员可以使用信息技术应用程序以电子形式记录对业务工作底稿的复核,或采用备忘录形式记录复核情况。项目质量复核人员执行的复核程序也可采用其他方式记录,如在审计团队参与的讨论会的会议记录中进行记录等。

在审计实践中,业务质量复核的底稿编制可参见示例 6-19:审计业务复核核对表。

【示例 6-19】审计业务复核核对表如表 6-17 所示。

表 6-17 审计业务复核核对表

被审计企业:

被审计企业主要领导人员:

审计期间:

一、审计组组长复核

复核事项	是/否/不适用	备注
1. 是否对审计组成员编制的审计工作底稿进行了逐页的详细复核?		
2. 实施上述复核后,是否可以确定下列事项:		
(1) 具体审计计划已经实施,已完成的工作底稿与具体审计计划已交叉索引?		
(2) 工作底稿在形式上做到要素齐全、格式规范、标识一致、记录清晰;在内容上做到资料翔实、重点突出、繁简得当、结论明确?		
(3) 每一支出项目和特殊交易或事项的审计结论均有相关审计证据的支持,所有重要或异常的数据已有适当的解释及相关证据?		
(4) 所有审计程序的改变和其他值得项目负责人关注的重大事项都已在重大事项请示报告中列示?		

续表

复核事项	是/否/不适用	备注
(5) 已审报告附表已正确、完整地编制，且每一项数据对应数据与相关工作底稿一致？		
(6) 重大事项概要和审计总结已按规定编制？		

签字：_____   日期：_____

二、项目复核经理复核

复核事项	是/否/不适用	备注
1. 是否已复核已完成的审计计划，以及导致对审计计划作出重大修改的事项？		
2. 是否已复核特殊交易或事项？		
3. 是否已复核重大事项？		
4. 是否已复核审计发现的问题？		
5. 是否已复核承诺函、与客户的沟通记录及重要会谈记录？		
6. 是否已复核审计总结？		
7. 是否已复核已审计报告附表和拟出具的审计报告草稿？		
8. 是否可以确信直到审计报告日止，事务所及审计组在执行审计工作中保持了独立性？是否采取适当的预防措施以消除任何对独立性的威胁或将其降低至可接受的水平，并将有关措施记录下来？		
9. 实施上述复核后，是否可以确定下列事项：		
(1) 对项目审计组组长实施的一级复核结果满意？		
(2) 审计工作底稿提供了充分、适当的记录，可以作为审计报告的基础？		
(3) 审计组已按照中国注册会计师审计准则和《党政主要领导干部和国有企事业单位主要领导人员经济责任审计规定》执行了审计工作？		
(4) 对重大错报风险的评估及采取的应对措施是恰当的，针对存在特别风险的审计领域，设计并实施了针对性的审计程序，且得出了恰当的审计结论？		
(5) 审计组作出的重大判断恰当合理？		
(6) 审计组提出的审计问题、责任认定和审计评价恰当？		
(7) 拟出具的审计报告措辞恰当，已按照中国注册会计师审计准则和《党政主要领导干部和国有企事业单位主要领导人员经济责任审计规定》发表了恰当的审计意见？		

签字：_____   日期：_____

续表

三、项目合伙人复核

复核事项	是/否/不适用	备注
1. 是否已复核已完成的审计计划，以及导致对审计计划作出重大修改的事项？		
2. 是否已复核重大事项？		
3. 是否已复核存在特别风险的审计领域，以及审计组采取的应对措施？		
4. 是否已复核审计组作出的重大判断？		
5. 是否已复核建议调整、整改事项？		
6. 是否已复核承诺函、与客户的沟通记录及重要会谈记录？		
7. 是否已复核审计总结？		
8. 是否已复核已审计报告附表和拟出具的审计报告？		
9. 是否可以确信直到审计报告日止，事务所及审计组在执行审计工作中保持了独立性？是否采取适当的预防措施以消除任何对独立性的威胁或将其降低至可接受的水平，并将有关措施记录下来？		
10. 实施上述复核后，是否可以确定： （1）对项目复核经理实施的二级复核结果满意？ （2）对重大错报风险的评估及采取的应对措施是恰当的，针对存在特别风险的审计领域，设计并实施了针对性的审计程序，且得出了恰当的审计结论？ （3）审计组作出的重大判断恰当合理？ （4）提出的审计问题、责任认定和审计评价恰当合理？ （5）拟出具的审计报告措辞恰当，已按照中国注册会计师审计准则和《党政主要领导干部和国有企事业单位主要领导人员经济责任审计规定》发表了恰当的审计意见？		

签字：_____　　　　日期：_____

四、项目质量控制经理复核

复核事项	是/否/不适用	备注
1. 审计组内部的复核程序是否均已得到满意的执行？		
2. 是否已复核审计组针对本业务对本所独立性作出的评价，并认为该评价是恰当的？		

续表

复核事项	是/否/不适用	备注
3. 是否已复核审计组在审计过程中识别的特别风险以及采取的应对措施，包括审计组对舞弊风险的评估及采取的应对措施，认为审计组作出的判断和应对措施是恰当的？		
4. 是否已复核审计组作出的判断，包括关于重要性和特别风险的判断，认为这些判断恰当合理？		
5. 是否确定审计组已就存在的意见分歧、其他疑难问题或争议事项进行适当咨询，且咨询得出的结论是恰当的？		
6. 是否已复核审计组与委托方沟通的记录以及拟与其沟通的事项，对沟通情况表示满意？		
7. 是否选取与审计组作出重大判断及形成结论有关的工作底稿进行复核，认为所复核的审计工作底稿反映了审计组针对重大判断执行的工作，能够支持得出的结论？		
8. 是否已复核拟出具的审计报告和报告附表，认为拟出具的审计报告措辞恰当，已按照中国注册会计师审计准则和《党政主要领导干部和国有企事业单位主要领导人员经济责任审计规定》发表了恰当的审计意见？		

签字：_____ 日期：_____

六、编制审计报告

对于经济责任审计，审计报告应当做到事实清楚、评价客观、责任明确、用词恰当、文字精炼、通俗易懂。

（一）审计报告的基本要素

审计报告要素一般包括：标题、收件人、正文、附件、签章、报告日期、其他。

1. 审计报告的标题。审计报告标题应当说明审计工作的内容，力求言简意赅并有利于归档和索引。一般包括：被审计企业名称、被审计企业主要领导人员姓名、（原）职务和审计事项。如"关于××（单位）××（职务）××同志任期（或离任）经济责任审计的报告"。

2. 审计报告的收件人。会计师事务所出具的经济责任审计报告的收件人一般为委托方，如委托方内部审计机构。也可能为委托方单位的党委（党组）、协调机构其他成员部门（机构）、被审计企业和被审计企业主要领导人员、其他相关单位或人员等。

3. 审计报告的正文。审计报告正文主要包括：基本情况、被审计企业主要领导人员任职期间履行经济责任的总体评价、主要业绩、审计发现的主要问题和责任认定、审计意见和建议，以及其他必要的内容。

4. 审计报告的附件。附件是对审计报告正文进行补充说明的文字和数据等支撑性材料，一般包括：相关问题的计算及分析过程、审计发现问题汇总表及说明、交接确认表、需要提供解释和说明的其他内容等。

5. 审计报告的签章。审计报告需要由注册会计师签名和盖章。需要载明会计师事务所的名称和地址，并加盖会计师事务所公章。

6. 审计报告的日期。审计报告需要注明报告日期。审计报告日不应早于注册会计师获取充分、适当的审计证据，并在此基础上对被审计企业主要领导人员出具审计意见的日期。

7. 其他。审计报告还应当参考公文的一般要求，设有文号等要素。

（二）审计报告正文的内容

经济责任审计报告应当全面客观地反映审计结果，既要反映被审计企业主要领导人员履行经济责任的主要业绩，也要反映审计发现的主要问题以及被审计企业主要领导人员应承担的相应责任。

1. 基本情况。一般包括：审计依据、审计实施的情况、被审计企业主要领导人员的任职及分工情况、被审计企业的基本情况等。被审计企业的基本情况可以重点反映任职前到审计时的核心财务、业务指标变化趋势情况，详细的财务、业务数据可以通过附件"主要财务业务数据表"的方式反映。

2. 总体评价。总体评价是指综合被审计企业主要领导人员主要业绩、主要问题以及所应承担的责任类型等情况,对其任职期间履行经济责任情况作出的概要评价。总体评价可以写实评价,也可以在建立完善的审计评价指标体系的基础上,进行"好""较好""一般""较差"等量化分等评价。其中,对于被审计企业主要领导人员个人遵守廉洁从业规定情况,如果本次审计未发现被审计企业主要领导人员本人存在以权谋私、中饱私囊、利益输送等违纪违法问题线索的,应作出"在本次审计范围内,未发现××同志本人在公共资金、国有资产、国有资源管理、分配和使用中存在违反廉洁从业规定的问题"的评价意见。

3. 被审计企业主要领导人员履行经济责任的主要业绩。主要业绩是指被审计企业主要领导人员任职期间主导提出的经济社会和事业发展、单位发展的工作思路、发展规划、重大举措并取得公认良好效果的重要发展成果。主要业绩应当简明扼要、具体明确、表述平实,在区分工作基础、环境变化、个人努力程度等主客观因素的基础上客观进行评价,防止把一个单位的成绩简单归为被审计企业主要领导人员的个人业绩。此部分表述应有充分的审计证据支持,引用的相关数据要经过审计查证,如无法经过核实又需引用,要注明引用来源。同时,应注意避免此部分内容与审计发现主要问题及其责任认定的内容相互矛盾。

4. 审计发现的主要问题和责任认定。本部分是审计报告的核心内容,包括审计发现的主要问题,被审计企业主要领导人员应承担的责任类型,以及审计发现的其他问题。其中,审计发现的主要问题一般应根据项目审计方案确定的重点审计内容归类列示,并清晰表述被审计企业主要领导人员与审计发现问题的关联。责任认定应写明定责依据。审计发现的其他问题是指与被审计企业主要领导人员履行经济责任无直接关系,或不宜界定被审计企业主要领导人员责任的其他问题,可以在附件"审计发现问题汇总表"中反映。

5. 审计意见和建议。审计意见是注册会计师对审计发现的主要问题提出的纠正处理意见。注册会计师可以建议组织适当管理层或相关部门作出处理。同时，应当针对审计发现的问题或者审计中了解到的其他不足，深入分析背后的体制性障碍、机制性缺陷和制度性漏洞，有针对性地提出可操作的审计建议，以促进被审计企业主要领导人员及其所在单位改进工作、完善制度、深化改革、加强管理、堵塞漏洞，防患于未然。

6. 其他必要的内容。经济责任审计报告一般还应当包括告知被审计企业主要领导人员对审计报告有异议情况下的救济途径、明确相关单位和人员审计整改要求的内容，也可以包括告知将进行审计情况通报等内容。但如果本单位规定通过单位另行制发文件方式批转或下发经济责任审计报告，并告知当事人救济途径、明确相关单位和人员审计整改要求、告知审计情况通报的，可以不在内部审计机构出具的审计报告中包括这些内容。

在审计实践中，国有企业主要领导人员经济责任审计报告可参见示例6-20：审计报告。

【示例6-20】审计报告。

关于××××××〔被审计企业主要领导人员所在单位及职务〕
×××同志任期（或离任）经济责任审计的报告

〔报告文号〕

×××××〔委托方〕：

我们接受委托，于××××年××月至××××年××月对××××××〔被审计企业主要领导人员所在单位及职务〕×××同志×××年××月至××××年××月任职期间履行经济责任情况进行了审计。×××同志和×××××××〔被审计企业主要领导人员所在单位〕对其提供审计所需资料的真实性、完整性负责，并对此作出了书面承诺。我们的责任是通过履行相应的审计程序对×××同志任职期间履行经济责任情况发表审计意见。我们的审计依据《党政主要领导干部和国有企事业单位主要领导人员经济责任审计规定》《×××××××》及中国注册会计师审计准则等相关法律法规进行。审计过程中，我们结合×××××××〔被审计企业主要领导人员所在单位的实际情况，实施了查阅资料、抽查会计记录、现场勘察、实物资产抽查盘点、分析性复核、访谈调查等我们认为必要的审计程序。我们相信，我们获取的证据是充分、适当的，为发表审计意见提供了合理的基础。现将审计结果报告如下：

〔说明：1. 审计报告的收件人为委托方，委托方会转送所在单位包括党委（党组）、被审计企业主要领导人员及其所在单位、其他相关机构或人员。一般主送被审计企业主要领导人员及其所在单位，抄报、抄送其他收件人，也可以根据实际需要选择其他某个收件人为主送方，但必须抄送被审计企业主要领导人员及其所在单位。实际工作中，为提高经济责任审计报告的权威性，一般以委托方名义制发文件，向被审计企业主要领导人员及其所在单位、其他相关单位和人员批转或下发经济责任审计报告，还可在该文件中提出落实审计意见建议，加强审计整改的具体要求。2. 前言部分主要说明审计依据、审计时间、审计目标与审计范围、审计双方责任声明等内容。审计依据和审计时间应当与审计通知书保持一致。被审计企业主要领导人员所在单位作出书面承诺的，应注明。采取后续审计等特殊审计方式的，应当写明。3. 本模板中的"被审计企业主要领导人员所在单位及职务"是指被审计企业主要领导人员在接受审计的任职期间内所任职的单位及所任的职务。〕

一、基本情况

×××同志自××××年××月以来（或至××××年××月）担任×××〔职务〕，负责×××全面工作，具体分管××××、××××工作。该单位主要业务为××××××，拥有下属单位××××××、××××××等××家，×××同志任职期间，资产总额×××××××××；××销售收入×××××××××；利润×××××××××。〔总体反映任职前到审计时几项核心的财务、业务指标变化趋势情况〕（详见附件1"主要财务业务数据表"）

〔说明：本部分主要表述被审计企业主要领导人员所在单位的基本情况、被审计企业主要领导人员的任职及分工情况，以及任职期间主要财务、业务指标数据变化趋势情况。〕

二、总体评价

从审计情况看，×××同志任职期间，××××，××××，××××〔根据实际审计情况作出相关评价,如深入贯彻落实了党中央关于×××方面的方针政策,制定了清晰的组织发展战略规划,组织治理结构健全，内部控制制度较为完善，财务管理工作较为规范，有效控制和防范了重大经济风险等〕，较好地〔根据实际情况表述〕履行了经济责任。在本次审计范围内，未发现×××同志本人在公共资金、国有资产和国有资源管理分配使用中存在违反廉洁从业规定的问题〔若审计发现被审计企业主要领导人员本人存在以权谋私、中饱私囊、利益输送等违纪违法行为的问题线索，则不表述该部分内容〕。本次审计也发现，×××同志在履行经济责任中存在一些不足和问题,需进一步改进。

〔说明：1. 总体评价部分应当围绕经济责任审计目标，根据审计认定的事实，依照法律法规、国家有关规定和政策，在法定职权范围内，对被审计企业主要领导人员履行经济责任情况作出客观公正、实事求是的评价，做到审什么、评什么。对审计过程中未涉及、审计证据不充分、评价依据或者标准不明确以及超越审计职责范围的事项，不发表审计评价意见。2. 审计评价应严格落实"三个区分开来"的重要要求，坚持全面、客观、辩证、历史地看待问题，既不能评价过满、失实，也不能以偏概全、含糊其辞。同时注意不要与审计发现的问题相矛盾。3. 如单位建立了审计评价指标体系，可依据打分结果探索进行量化分等评价，即对审计对象履行经济责任作出"很好""较好""一般""差"的评价结论。4. 审计评价用语要准确、适当，以写实为主。〕

三、被审计企业主要领导人员履行经济责任的主要业绩

×××同志任职期间,履行经济责任取得的主要业绩包括：

（一）××××××××××。

（二）××××××××××。

（三）××××××××××。

……

〔说明：主要业绩部分可重点反映被审计企业主要领导人员的工作思路、制定的发展战略规划、贯彻落实中央重大政策措施和决策部署采取的重大措施及成效；推动所在单位调整优化产业结构、业务方向、服务模式，进行技术创新研发等提升核心竞争力、关系全局发展的具体措施及成效；加强组织治理结构、内部控制和风险管理体系建设等履行管理职责的有关工作及成效；等等。〕

四、审计发现的主要问题和责任认定

（一）贯彻执行党和国家经济方针政策及决策部署方面

×××同志任职期间，×××××〔单位〕贯彻执行党和国家经济方针政策及决策部署共涉及××××××××方面〔列举重要的几项，一般不超过3项〕等××项工作，涉及金额××万元，本次审计重点检查了其中××项，涉及金额××万元，占比××。审计发现，×××同志在贯彻执行党和国家经济方针政策及决策部署方面取得成效的同时，也存在××项政策执行不够到位的问题。具体如下：

1. ×××××××××××。×××××××××××××××××。

此问题主要是×××××〔单位〕××××××××××，×××〔人员〕×××××××所致〔定责理由〕，×××同志对此负有××责任。

〔定责理由示例："主要是×××××〔单位〕贯彻落实党中央关于××××××××的目标要求不到位，×××同志推动落实相关工作不力所致"〕

2. ×××××××××。

(1) ×××××。×××××××××××××××××。

(2) ×××××。×××××××××××××××××。

……

上述××至××项问题，主要是××××〔单位〕×××××××，×××〔人员〕×××××××所致〔定责理由〕，×××同志对此负有××责任。

……

（二）发展战略规划制定及执行方面

本次审计重点检查了××××〔单位〕××××××××方面〔列举重

要的几项，一般不超过3项〕等××项工作。审计发现，×××同志任职期间，××××〔单位〕存在××××××××等问题〔列举主要的几个方面的问题〕。具体如下：

……

(三) 重大经济事项决策及执行方面

×××同志任职期间，××××〔单位〕共作出××××××××〔据实表述，如重大投资、重大工程建设、重大物资和服务采购、重大资本运作、重大资产处置、重大对外担保和出借资金〕等××项重大经济决策，涉及金额××万元。本次审计重点检查了××项，涉及金额××万元，占比××。审计发现，××项决策存在违规决策（或决策不当）问题，涉及金额××万元，造成损失××万元、潜在损失××万元、亏损××万元、资产闲置××万元。具体如下：

……

(四) 组织治理和内部管控方面

本次审计重点检查了××××〔单位〕××××××方面〔列举重要的几项，一般不超过3项〕等××项工作的落实情况，以及对下属单位的管理情况。审计发现，×××同志任职期间，××××〔单位〕存在××××××××等问题〔列举主要的几个方面的问题〕，涉及金额××万元，造成损失××万元、潜在损失××万元、亏损××万元、资产闲置××万元。具体如下：

……

(五) 财务收支和资产管理方面

本次审计重点检查了××××〔单位〕预算管理、财务收支、资产管理、××××××等方面情况。审计发现，××××年××月至××××年××月多计收入××万元、少计收入××万元，多计成本费用××万元、少计成本费用××万元，多计投资收益等××万元、少计投资收益等××万元，合计多计利润××万元、少计利润××万元；多计资产××万元、少计资产××万元，多计负债××万元、少计负债××万元，多计所有者权益

××万元、少计所有者权益××万元。其中，×××同志任期内多计利润××万元、少计利润××万元。还发现在资产管理中存在××××等方面的问题。具体如下：

……

（六）在经济活动中履行有关党风廉政建设责任和遵守廉洁从业规定方面

本次审计重点检查了××××〔单位〕×××××等情况。审计发现，××××总部、重点所属单位及其领导班子成员涉嫌违纪违规问题××项，涉及金额××万元。具体如下：

……

（七）以往审计发现问题的整改方面

针对××××年对×××××〔单位〕审计中发现的问题，基本已按要求进行整改，但以下问题仍未整改到位。具体如下：

……

〔说明：1. 反映审计发现的主要问题应考虑其重要性（包括性质、情节、金额、后果和影响的严重性、典型性和普遍性等因素），与被审计企业主要领导人员履职情况的关联度和对实现审计目标的影响等。金额较小、性质较轻、与被审计企业主要领导人员关联不大的问题，可以不写入审计报告正文，而是在"审计发现问题汇总表"（附件2）中反映。2. 审计发现问题的发生期间应与被审计企业主要领导人员任期内的分工范围和期间严格对应。问题需要进行责任认定的，应表述责任认定依据（定责理由）及应承担的责任。对于本次审计难以认定责任的，如本次审计未抽样、未能获取充分证据证明被审计企业主要领导人员需承担经济责任等情形，在报告中采用"对于********问题，将依据具体项目的后续责任认定结果相应认定经济责任"等相关表述。3. 问题一般应表述违纪违规事实、定性及依据。在引用法律和法规时，一般应列明文件名称、具体条款号及条款内容；在引用规章和规范性文件时，一般应列明发文单位、文件名称、发文号、具体条款号及条款内容。审计报告篇幅过长的，可以仅在

"审计发现问题汇总表"（附件2）中列示法规规章和规范性文件的具体条款内容。4. 审计发现的问题应合理归类，按照重要性原则排序。〕

五、审计意见和建议

（一）××××××××××××××××。

（二）×××××××××××××××。

（三）××××××××××××××。

……

〔说明：1. 应针对审计发现的问题提出如何纠正问题和追究责任的具体意见。提出审计意见时要关注适用的法律法规以及组织内部的规章制度，可建议被审计企业适当管理层或相关部门作出处理。2. 既可以针对审计发现的问题，也可以针对审计中了解到的其他不足，提出进一步改进提高的审计建议。其中，针对审计发现问题提出的审计建议应与反映问题的顺序基本一致。3. 审计建议应具有针对性和可操作性，便于被审计企业主要领导人员及其所在单位和其他有关单位（部门、机构）采纳。4. 审计建议的对象一般为被审计企业主要领导人员及其所在单位。〕

对于本次审计发现的与被审计企业主要领导人员履行经济责任无直接关系的其他问题及其相关审计意见建议在"审计发现问题汇总表"（附件2）中反映。

附件1. 主要财务业务数据表
附件2. 审计发现问题汇总表

〔说明：1. 经济责任审计一般应当编制"主要财务业务数据表"，对被审计企业主要领导人员任职期间主要财务和业务指标、数据的发展变化情况以表格形式直观地加以展示。2. "审计发现问题汇总表"集中反映审计报告正文中"审计发现的主要问题"及审计发现的其他问题，补充说明在审计报告正文中不便反映的部分信息。问题可以按照在审计报告中的分类和顺序，或者项目审计方案中审计内容的分类和顺序列示。不必列示审计报告中对每类问题的汇总情况。每项具体问题描述应尽量简洁明了。]

××会计师事务所　　　　　　中国注册会计师：×××
（盖章）　　　　　　　　　　（签名并盖章）
　　　　　　　　　　　　　　中国注册会计师：×××
　　　　　　　　　　　　　　（签名并盖章）
中国·××市　　　　　　　　××××年×月×日

附件1：

主要财务业务数据表

略

〔说明：根据被审计企业主要领导人员所在单位的财务报表数据编制。〕

附件2：

审计发现问题汇总表

序号	在审计报告中的序号	问题标题及摘要	责任认定	问题金额（万元）	审计定性及依据	审计意见及依据	审计建议	备注
一、审计发现的主要问题								
1								
2								
3								
二、审计发现的其他问题（未在报告正文反映）								
1								
2								
3								

参考文献

1. 第2205号内部审计具体准则——经济责任审计［EB/OL］.（2021-02-02）https：//www.ciia.com.cn/cndetail.html？id=52207.

2. 第3204号内部审计实务指南——经济责任审计［EB/OL］.（2022-03-28）https：//www.ciia.com.cn/cndetail.html？id=78728.

3. 第2309号内部审计具体准则——内部审计业务外包管理［EB/OL］.（2019-05-06）https：//www.ciia.com.cn/cndetail.html？id=78256.

4. 2021高级审计师资格考试复习指南［M］.北京：中国时代经济出版社，2021.

5. 王凤波.行政事业单位领导干部经济责任审计操作实务［M］.北京：中国财政经济出版社，2024.